ウェルビーイングな
クラスをつくる
学級担任のための
9つのアプローチ

WELL BEING

岡田倫代／柴 英里／野中陽一朗 著

明治図書

Preface

子ども達のために頑張っておられる先生方へ

　先生方，本書を手に取っていただいてありがとうございます！　本書は，私の教師としての悩みながらの経験が，少しでも先生方のお役に立ち，それが子ども達のためになればと思い書き下ろしました。また教育心理の専門家である２人の先生方に理論からアプローチしてもらっておりますので，ある意味学級経営の専門書でもあります。

　今の時代，もはや教師は，子どもに知識を教えるだけの存在ではありません。「主体的・対話的で深い学びの実現」や「子どものウェルビーイングを向上させる」責務があります。それは教師にとって，とても難しく，ややもすると，先走ったり決めつけになったりしてしまう傾向にあります。先生方は，日々，多様な子ども達との関わりの中で，悩みながら個別のノウハウを必要としています。しかし，それだけに終始してはいけないと思うのです。

悩むって悪いこと？

　答えは「いいえ」です。「悩むこと」は必要なことで，決して悪いことではありません。「粘り強い姿勢」だと思います。なぜなら，自分自身が直面している問題から「逃げずに立ち向かっている」状態だからです。しかし，いかに立ち向かおうとしても，その方法が分からず，ただやみくもに煩悶しているだけでは，一向に解決には向かいません。そんなときこそ，本書が先生方の解決に向かうためのヒントになればと思います。

子ども達にとって学校って何？

　つまるところ，学校って，子ども達にとって，楽しく居心地の良い場所であることが大切で，心身共に健康でいられる場所でなければならないと思い

はじめに

ます。そのために，私達教師は，出来る限りの環境づくりをする必要があると思います。WHOの憲章では「健康とは，完全な肉体的，精神的及び社会的福祉の状態であり，単に疾病又は病弱の存在しないことではない」とされています。これは，私達が健康に対してイメージし易い「体と心」についてのみだけではなく，社会的側面においても良好な状態でないと健康とは呼べないという意味を含んでいるのです。先生方は，身体的にも問題がなく，精神的にも落ち着いており，職場での豊かな人間関係が築けているでしょうか。子ども達にも同じことがいえます。

目の前にいる子ども達は，「身体的健康」「精神的健康」そして「社会的健康」の調和がとれた状態で日々過ごせているでしょうか。特に学校は「社会的健康」に寄与する場所です。

最近，「不登校は問題行動ではない」として，不登校になったら別のところへ紹介する事例が多く見られます。しかし，私達は実際に子ども達自身の声を正確に聴いているでしょうか？　「学校に行きたくないから行かない」（積極的不登校）子どもはともかく，「学校に行きたいけど行けない」（消極的不登校）子どもには，最大限の手をさしのべなければならないと考えます。先日も熱心に子どもと手紙のやりとりをし，最初は教師から出すだけの手紙が，やがて子どもから「○×」の返信になり，そのうち文章になり「明日は，学校に行ける気がする」と返してくれたと喜んでいる先生を応援したところです。

本書が，すべての子ども達とその子ども達のために日々頑張っておられる先生の，ウェルビーイングを実現する一助となることを願っています。

2025年1月

岡田倫代

Introduction

本書の構成と使い方

Prologueでは，28年の教師生活を送ってきた著者の1人である岡田の失敗談を含むエピソードを紹介し，ウェルビーイングな学校環境づくりとは何なのか，について一緒に考えていただきたいと思います。

Chapter1では，実際にウェルビーイングなクラスとは何なのか，そのために私達教師は，どのようなことに注意を払いつつ子ども達と関わっていけばよいのかについて，具体的なポイント「子どものサインの捉え方」「ほめるときや叱るとき」「子どもとの本音トーク」「アセスメントや面接」などのコツを解説しています。

Chapter2「クラス集団対応の悩みを解決する5つのアプローチ」とChapter3「個別対応のための4つのアプローチ」は，それぞれ見開きマップ図で解説していますのでご覧ください。先生方の実際の悩みを取り上げ，それに沿った基本理論による効果的な関わり方を提示しています。

もちろん，子どもの気持ちを理解するのは容易ではありません。私は身をもってその難しさに直面しました。人に寄り添うことは，言葉ほど簡単ではありません。ただ，以下に示した心理学的療法による関わりが大切で，効果的な関わりにつながっていくと確信しています。

次ページの図は，臨床心理学でよく取り上げられる療法を簡単に分類したものです。本書に取り上げた理論は，下線部分です。私が実践してきた例を挙げます。

例えば，学年初め，担当クラスが決まります。ワクワクドキドキの新学期です。子ども達も何となくぎこちない雰囲気を醸し出しています。私はすかさず**グループワークトレーニング**をします。まだ人間関係が固定していない

4月，5月が勝負だからです。そして，教師が出来るだけ注意しなくて済む方法（**ナッジ**）を工夫します。もちろん子ども達への関わりの基本は，思い悩み苦しむ子どもに伴走することです。子ども自身が自分で答えを見つけられるように，じっくりと話を聴き（**来談者中心療法**），心を開いてくれるのを辛抱強く待った後，その内容を一緒に整理しながら（**認知行動療法**），子ども自身の思い込みに気づかせたり（**論理療法**），子ども同士の声かけを意識させ（**アサーション**）ながら，友達同士の支援がうまく出来るように（**ピア・サポート**），常に見守る姿勢で関わりました（**コーチング**）。子ども達は「誰かに話をしたい，自分の気持ちを分かってもらいたい」と願いつつ「どうせ自分なんて」と自己否定してしまいますから，子どもの心を閉じさせないような仕掛けをしました（**マインドフルネス・セルフコンパッション**）。また友達間でのトラブルには振り返りをしながら事象を分析し，次につなげる行動を促し（**ソーシャルスキルトレーニング**），将来について希望を持てるよう関わりました（**ブリーフセラピー**）。

　以上のように，様々な心理療法的ツールの理論を知り，それを使いながら実施すると，子ども理解が促進され，学級経営も満足いくように感じます。

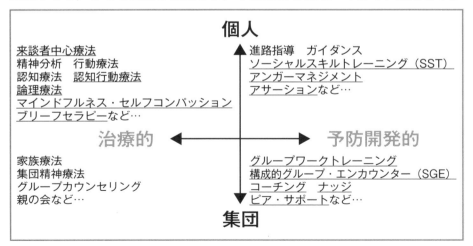

(クラス集団対応編)

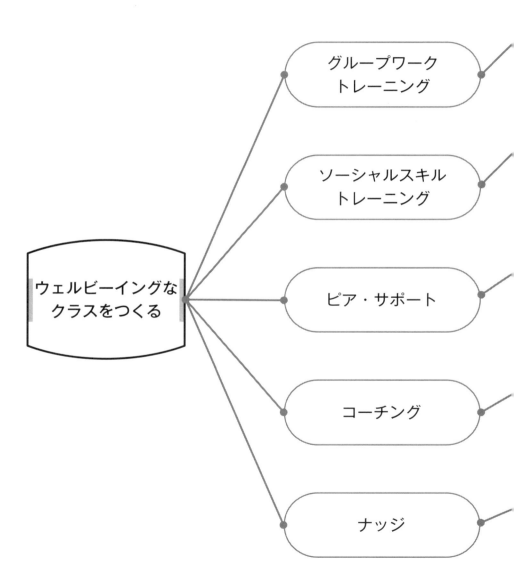

学級担任として何をすべきか分からない　p.36〜 p.45

- Case1　新学期，学級担任として何をしていいのか分からない
- Case2　新学期が始まり，クラスの子ども達が落ち着かない
- Case3　特定のグループの子以外と話そうとしない子がいる

他者とのトラブルが絶えない　p.46〜 p.59

- Case1　他者をからかったりちょっかいを出す子がいる
- Case2　教師の話が聞けない子がいる
- Case3　言葉使いの悪い子が多い
- Case4　自分の意見をはっきり言うのが苦手な子がいる
- Case5　自分の主張ばかりする子がいる

子ども同士が仲良く出来ない　p.60〜 p.71

- Case1　子ども同士のコミュニケーションがぎこちない
- Case2　子ども同士のトラブルが解決しない
- Case3　クラスメイトになかなか手を貸そうとしない子がいる
- Case4　困ったときに声をかけられるのをひたすら待つ子がいる

規律正しいクラスに出来ない　p.72〜 p.81

- Case1　意欲的なクラスにする方法が分からない（子どもが消極的ですべて教師がお膳立てしなければならない）
- Case2　クラスの問題解決力が低い
- Case3　将来の夢が持てず，クラスの中で浮いている子がいる

クラスの環境が良くない・子どもの自発性が低い　p.82〜 p.89

- Case1　机の周りや床にゴミが落ちていても気づかない子が多い
- Case2　整理整頓が出来ない子が多い
- Case3　当番や掃除をさぼる子が多い

個別対応編

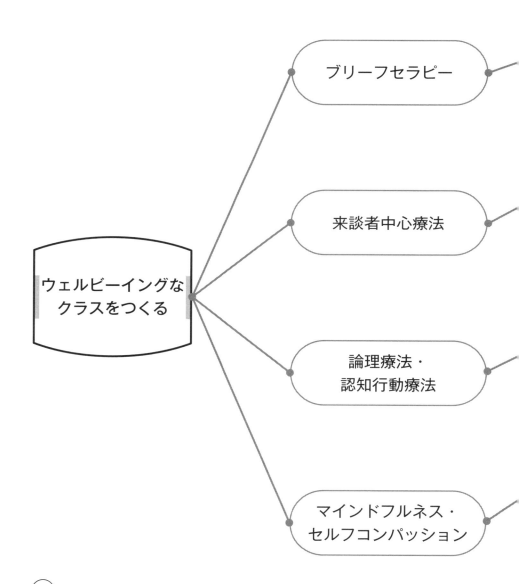

教師自身や子ども自身の悩みを解決出来ない　p.92〜p.101

- Case1　不登校傾向にある子どもに関する悩み，課題をどのように把握し解決したらいいのか分からない
- Case2　不登校の子どもの保護者対応に苦手感がある
- Case3　過去の失敗ばかり引きずり，前に進めない子がいる

子ども対応や保護者対応が出来ない　p.102〜p.113

- Case1　子どもの悩みをどのようにして聴いたらいいのか分からない
- Case2　子どもについて保護者から相談されたとき，うまく対応が出来ない
- Case3　自分がヤングケアラーだと気づいていない子どもへの対応が分からない

思い込みが強く問題行動が多くて困る　p.114〜p.123

- Case1　勝手な思い込みをしてすぐに怒ったり落ち込んだりする子がいる
- Case2　平気でウソをつき反省してもすぐにまたウソをつく子がいる
- Case3　教師の勝手な思い込みで，後輩に指導しようとする先輩教師がいる

迷惑をかけられている周りの子どもへの対応が分からない　p.124〜p.133

- Case1　問題行動をする子どもがいるとき，その隣や周りの子どもの気持ちを楽にする方法が分からない
- Case2　困ったら固まってしまう子がいる
- Case3　リストカットなど，自傷行為をしてしまう子がいる

Contents

はじめに　p.2
本書の構成と使い方　p.4

Prologue　ウェルビーイングな学校環境づくりを目指して

教師ゆえの思い込み対応の失敗談　16
多彩な子ども達との関わりからの学び　18
教師の洞察力が問われるとき　20

Chapter 1　ウェルビーイングなクラスをつくる5つのヒント

1　ウェルビーイングなクラスって，どんなクラス？　p.24
2　子どものサイン，気づいてる？　p.26
3　子どもをほめるとき，叱るとき，どうしてる？　p.28
4　子どもと本音トーク，出来てる？　p.30
5　アセスメントに基づいた子ども面接，ちゃんと出来てる？　p.31

目 次

Chapter 2 クラス集団対応の悩みを解決する5つのアプローチ

1 グループワークトレーニング

学級担任として何をすべきか分からない ………… **p.36**

Case1　新学期，学級担任として何をしていいのか分からない　40
Case2　新学期が始まり，クラスの子ども達が落ち着かない　42
Case3　特定のグループの子以外と話そうとしない子がいる　44

2 ソーシャルスキルトレーニング

他者とのトラブルが絶えない ………… **p.46**

Case1　他者をからかったりちょっかいを出す子がいる　50
Case2　教師の話が聞けない子がいる　52
Case3　言葉使いの悪い子が多い　54
Case4　自分の意見をはっきり言うのが苦手な子がいる　56
Case5　自分の主張ばかりする子がいる　58

3 ピア・サポート

子ども同士が仲良く出来ない ………… **p.60**

Case1　子ども同士のコミュニケーションがぎこちない　64
Case2　子ども同士のトラブルが解決しない　66
Case3　クラスメイトになかなか手を貸そうとしない子がいる　68
Case4　困ったときに声をかけられるのをひたすら待つ子がいる　70

4 コーチング

規律正しいクラスに出来ない ………… **p.72**

Case1　意欲的なクラスにする方法が分からない　76

Case2　クラスの問題解決力が低い　78
　　Case3　将来の夢が持てず，クラスの中で浮いている子がいる　80

5　ナッジ
クラスの環境が良くない・子どもの自発性が低い ──── **p.82**
　　Case1　机の周りや床にゴミが落ちていても気づかない子が多い　84
　　Case2　整理整頓が出来ない子が多い　86
　　Case3　当番や掃除をさぼる子が多い　88

Chapter 3　個別対応のための4つのアプローチ

1　ブリーフセラピー
教師自身や子ども自身の悩みを解決出来ない ──── **p.92**
　　Case1　不登校傾向にある子どもに関する悩み，課題をどのように
　　　　　把握し解決したらいいのか分からない　96
　　Case2　不登校の子どもの保護者対応に苦手感がある　98
　　Case3　過去の失敗ばかり引きずり，前に進めない子がいる　100

2　来談者中心療法
子ども対応や保護者対応が出来ない ──── **p.102**
　　Case1　子どもの悩みをどのようにして聴いたらいいのか
　　　　　分からない　106
　　Case2　子どもについて保護者から相談されたとき，うまく対応が
　　　　　出来ない　110
　　Case3　自分がヤングケアラーだと気づいていない子どもへの対応が
　　　　　分からない　112

3　論理療法・認知行動療法
思い込みが強く問題行動が多くて困る　　p.114
- Case1　勝手な思い込みをしてすぐに怒ったり落ち込んだりする子がいる　118
- Case2　平気でウソをつき反省してもすぐにまたウソをつく子がいる　120
- Case3　教師の勝手な思い込みで，後輩に指導しようとする先輩教師がいる　122

4　マインドフルネス・セルフコンパッション
迷惑をかけられている周りの子どもへの対応が分からない　　p.124
- Case1　問題行動をする子どもがいるとき，その隣や周りの子どもの気持ちを楽にする方法が分からない　128
- Case2　困ったら固まってしまう子がいる　130
- Case3　リストカットなど，自傷行為をしてしまう子がいる　132

【付録】
1　教師自身の振り返りチェック項目　　…134
2　からだとこころのお天気チェックシート　　…136
3　子どもの交友関係チェックシート　　…137

おわりに　　p.138
参考文献　　p.140

Prologue

ウェルビーイングな
学校環境づくりを目指して

教師ゆえの思い込み対応の失敗談

全日制高校での生徒との関わり

　私は，香川県の高等学校の全日制課程で英語の教師をしていました。小学校の先生は「子どもが好き」，中学校の先生は「部活が好き」，高等学校の先生は「教科が好き」とよくいわれますが，私も英語が好きで，いかに生徒に英語を分かり易く教えるか，いかに効率よく習得させるか，そして生徒が望む進路に就かせたい，そのための大学受験にいかにスムーズにつなげられるか，に注力し，それが正しい教師であると信じて疑いませんでした。

痛恨の過ち「教師経験ゆえの思い込みで突っ走ってしまった」

　私は，30代に，いきなり教育相談の責任者となりました。その当時，不登校傾向の生徒や非行傾向の生徒が多くいました。その中のある不登校の生徒と，私はマンツーマン対応をすることになりました。その生徒は，テストのときは必ず腹痛を訴えていました。学業成績も芳しくありませんでした。
　私は，「勉強が出来ないから，学校に来たくないんだ。教室に入って指名されるのはしんどいはずだ。答えられなかったら恥ずかしいから…」と想像しました。そして，その生徒の授業の遅れを取り戻そうと懸命になりました。教育相談の責任者という立場を利用して，その生徒のために特別な部屋を用意し，授業が空いている先生に，その生徒のためだけの補習をお願いして特別時間割を組み，個別に教えていただきました。生徒は，私の言う通りに，一生懸命勉強してくれました。
　その結果，みるみる成績も良くなり，とても自信がついたかに見えました。

Prologue　ウェルビーイングな学校環境づくりを目指して

私は生徒に問いかけました。生徒は笑顔で答えてくれました。

（私の心の声）「私の見立ては正解だった！」

ところが，一週間後，その生徒は，学校に姿を見せなくなり，私に何も言わず，静かに学校を辞めてしまったのです。ものすごいショックでした。何かで頭を思いっきり殴られたような気がしました。私が「生徒のため」と勝手に思い込み，学業を優先したあまり，その生徒の心の根底にあるものに気づかず，追い詰めてしまった結果だったのです。それなのに，その当時，理由の分からなかった私は，その生徒に「私自身を全否定された」と感じ，憤りさえ覚えました。私がその生徒のために良かれとの必死の思いで一緒の時間を過ごしたこと，一緒にテストの点数を喜んだこと，笑顔で「はい！」と答えてくれたこと，あれはいったい何だったのか…。

（私の心の声）「私は何も分かっていなかった」

私は，教育の本質を見失っていたと，ひどく落ち込みました。**「教師は経験を重ねるとその経験を勝手に理論化し，正しいと認識してしまうのではないか」**という疑問を持ちました。この大きな後悔をきっかけに，一人一人の心を掴むために，大学院で心理学の学びを始めました。そして40歳で定時制課程への移動になり，様々な背景を持つ生徒達と関わることになりました。

多彩な子ども達との関わりからの学び

はじめての生徒達に四苦八苦（定時制で出会った生徒達との関わり）

　定時制には，色々な生徒がいました。その当時は，髪を金髪にして集団でバイクを乗り回し，平気で遅刻してくることが当たり前の生徒，常に何かにイライラして反抗的な態度をとる生徒，いわゆる反社会的な生徒達，そして，いつもフードで頭を覆い顔をあげない生徒，ボソボソと消え入るような声で話す生徒，中学時代にほとんど登校していないか自宅に引きこもっていて，夜の闇に紛れて何とか登校出来るような，いわゆる非社会的な生徒達の二極化が進んでいました。出来るだけ生徒理解をしようと私なりの努力をしました。

❶ゆっくりと話を聴く

　様々な事情を抱え通ってくる生徒の思いをゆっくり聴き，生徒がやりたいことに一緒に関わることにしました。なぜなら，生徒の多くは世の中の速い動きについていけず，立ち往生しているのだと理解したからです。私を警戒していた生徒達も段々と心を開いてくれました。人一倍感受性が強い生徒達は，周りに気を遣い，わざと自分を抑えつけてしまうことが多く，特にセクシャルマイノリティの生徒は，常にアイデンティティの模索を続けています。

❷雑談タイムの大切さ

　私にとっても生徒達にとっても大切な時間でした。雑談こそ，生徒達が自分の心を解き放ち，癒し，自信を取り戻せる時間だったからです。自己肯定感が低く「どうせ自分なんてダメ人間」と考える生徒が多くいました。そんな生徒達のよりどころが，休み時間であり何でも話せる雑談タイムだったのです。

Prologue　ウェルビーイングな学校環境づくりを目指して

❸生徒の本当の思いを察知する大切さ（様々な生徒の話からの反省より）

親は，ボクを信じてくれない。「ゲーム中毒，ゲームバカ！　いい加減にしろ」ばかり。ゲームの何が悪いんだ！　友達がそこにいて，ボクを必要としてくれている。ボクの言葉は少しも親に届かない！

　親や教師は，一方的に「ゲームは悪い」と決めつけてしまいがちですよね。今では，多くの親や教師がネットに頼っている事実があり，それを使って育てられた子ども達が育っているのです。そのように育てられた子どもに罪はないのでその子に合わせた適切な対応が求められます。私達は生徒達のいる世界をきちんと理解した上で，ゲームについて話し合うべきです。

「茶髪を直せ」って言うから，直してきてやったのに，次は眉，次はピアス，いい加減にしろ！　スマホくらい自由に使わせろ！　自分は親や教師のロボットじゃない！

　茶髪の生徒に「髪を直せ」と指導し，黒い髪にしてきたとき，教師はそこでほめればいいのですが，なかなかほめません。そして次の要求を出します。生徒は嫌になりますよね。私たち教師は髪を直してきた時点で，大げさなくらいほめ，子どもの覚悟ある決断を認める必要があります。

親は，オレの言うことより教師の言うことを信じる。オレを信じてくれるのは仲間だけ！　だから仲間のためなら，何でもする！　万引きでも何でも！

　大人に繰り返し否定されてきた生徒は，自分がした悪いことをきちんと認識させてもらえないまま，頭ごなしに叱られ続けてきたのかもしれません。自分に対して否定的になり，唯一自分を受け入れてくれる仲間との絆だけを優先してしまうのです。信じようとして裏切られた痛みは想像を絶するものだったから，これ以上自分が傷つかないように，自ら離れてしまうのです。

教師の洞察力が問われるとき

生徒の将来を見通す洞察力に欠けていた（生徒からの相談より）

　50歳を過ぎて高等学校の定時制課程に入学してきた生徒は，保育士になりたいという夢を持っていました。しかし最終学年で保育士の夢を諦めようとしました。彼女は生徒会活動も，文化祭や予餞会も頑張っていました。成績もどんどん良くなっていきました。その当時は担任を含め，誰も彼女の背中を押してあげられませんでした。そのため私に，何回も相談に来たのです。

短大を卒業してすぐに採用になっても，すぐ定年になるしね。

保育士は夢だけど，難しいかなぁ…

生徒

先生，私が今から保育士になろうとするのは，やっぱり無理なのかな。

どの先生も無理って言うけど，本当に不可能なのかなぁ。無理なのかなぁ。

私

　止めどなく，そんな会話をしたのを覚えています。今考えると，私ひとりくらい彼女の背中を押していたら，いい保育士さんになれていたと思い後悔しています。現在，60代の保育士さんは結構活躍しています。義務教育では，58歳の人を小学校教諭として新規採用した県もあります。そんな時代です。頑張って定時制高校に入り，新たな夢を持ち，もう少しでその夢に手が届きそうになっていたのに，私は彼女の先を見通すことが出来なかったと後悔ばかりしています。世の中の情勢も熟知しておかなければならない，教師という仕事は，改めてすごく大変な仕事だと思ったことでした。

保護者の思いに気づけなかった（生徒の進路相談より）

　教室の後ろで腕組みをし，反抗的な態度を見せていた非行少年の彼は，教師ともめたり学校で叱られながら生きてきたようでした。何とか私を信頼してもらい進路の話が出来るまでになりました。カリスマ性のある彼は，面倒見も良く，あっという間にクラスの仲間から一目おかれる存在になっていました。私は彼に「将来の仕事に教師を考えてもよいのでは？」と話をしたところ「頑張ってみる」と勉強を続け，保護者懇談では，母親に大学進学のお願いをしました。すると母親は，けんもほろろに以下のように答えました。

> 先生いい加減にしてください。いろんな人に迷惑をかけてきて。卒業出来たら，普通の仕事に就いて欲しいのです。この子に教師なんて出来るわけがない。私は大反対です！

　「子どもの夢を踏みにじるなんて許せない」と私はとても腹が立ちました。一方，彼はゆるぎない覚悟でアルバイトを続け勉学に励み，見事に教員養成の大学に合格しました。卒業式に母親と話をしました。すると…

> 私が反対した理由は，これ以上，息子に大人を嫌いになって欲しくなかったからです。息子は，これまで信頼した大人の言うことをきいて何度も裏切られ，そのたびに果てしなく傷ついてああなったのです。受験に失敗したら，また息子は先生に裏切られたと思い，ますます大人を信用出来なくなる，これ以上，息子に辛い思いはさせたくないと思っていました。

　私は，母親の子どもを想う真摯な思いに感服し，涙が止まりませんでした。それ以降，保護者への見方を大きく変えることが出来ました。保護者は，私達教師より子どもとの関わりは長いのです。教師の関わりは，その子の長い人生のほんの一瞬でしかないのです。しかし，それはとても大切な一瞬だということと，保護者の思いを共有することの大切さを学びました。

Chapter 1

ウェルビーイングな
クラスをつくる
5つのヒント

1 ウェルビーイングなクラスって，どんなクラス？

ウェルビーイングとは？

　ウェルビーイング（well-being）という言葉を聞いたことがありますか。ウェルビーイングとは，身体的，精神的，社会的に「良い状態」にあることをいいます。例えば，「先生にほめられて嬉しい」「友達と休み時間に遊んで楽しかった」といった学校での体験はウェルビーイング向上において重要です。またそういった短期的な幸福だけでなく，大変かもしれないけれど目標に向かって頑張りがいのあることに取り組んでいる状態など，ウェルビーイングは，生きがいや人生の意義といった将来にわたる持続的な幸福を含む概念でもあります。さらに多様な個人がそれぞれ幸せや生きがいを感じるとともに，個人を取り巻く場や地域，社会が幸せや豊かさを感じられる良い状態にあることも含む包括的な概念です。

　もともとは，健康における「完全に良好な状態」や「幸福」と訳されていたウェルビーイングですが，今日では，生きる目的や学ぶ目的として位置づけられるようになりました。学校やクラスにおいてウェルビーイングを高めていく実践が今まさに求められています。教育に関するウェルビーイングの要素としては，自分が自分であって大丈夫という自己肯定感や，心身の健康，現在と将来における自分と周りの他者の幸福感，協働性，社会貢献意識，学校や地域でのつながり，自己実現（達成感，キャリア意識），安心安全な環境，多様性への理解，利他性，サポートを受けられる環境などがあります。

　ウェルビーイングとは何かを考えるときに大事なポイントは，ウェルビーイングは個人が感じるものですが，何を幸福と感じるかにはその人が生きる時代や精神文化，価値観などが反映されるということです。欧米などと比べて日本では，個人的な達成などから得られる獲得系幸福だけでなく，他者と

Chapter1 ウェルビーイングなクラスをつくる5つのヒント

共に実現される協調系幸福が重要になることが多いといわれています。そのため日本では，自己肯定感や自己実現などの獲得的な要素と，人とのつながりや利他性，社会貢献意識などの協調的な要素を調和的・一体的に育み，日本社会に根差した「調和と協調」に基づくウェルビーイングを，教育を通じて向上させていくことが求められています。

様々な教育活動がウェルビーイングの向上につながったかどうかを評価するための指標として，【図1】に示した項目が挙げられています。本書では，特に太字の部分にアプローチする手法や関連するエピソードを紹介しています。学級経営をはじめとした教育活動を通して，児童生徒は勿論，先生方のウェルビーイング向上のヒントになるような内容を提供したいという思いが，本書の中心的なコンセプトです。

第4期教育振興基本計画（令和5年度～9年度）では，総括的な基本方針・コンセプトとして，「『2040年以降の社会を見据えた持続可能な社会の創り手の育成』及び『日本社会に根差したウェルビーイングの向上』」が掲げられました。子ども達のウェルビーイング，教師のウェルビーイング，学校全体のウェルビーイングを実現し，それらが家庭や地域，社会へと広がっていくための第一歩として各アプローチを実践してみてください。

【図1　教育活動全体を通じたウェルビーイングの向上に関する主観的指標（文部科学省）】

・**自分にはよいところがあると思う** ・**将来の夢や目標を持っている** ・授業の内容がよく分かる ・勉強は好きと思う ・**自分の幸福感** ・**友人関係の満足度**	・自分と違う意見について考えるのは楽しい ・人が困っているときは進んで助けている ・学級をよくするために互いの意見の良さを生かして解決方法を決める ・地域や社会をよくするために何かしてみたいと思う ・先生は自分のいいところを認めてくれる ・困りごとや不安がある時に先生や学校にいる大人にいつでも相談できる

2 子どものサイン，気づいてる？

子どものノンバーバルなサイン（雰囲気から捉える）

　子どもの「足が痛い」「お腹が痛い」「頭が痛い」などの体のサインには気づくことが多いと思います。まず身体疾患がないかどうかしっかりチェックすることが大切ですが，もしかしたらストレスが原因で，不安やイライラなど精神面の症状が身体症状に替わっているのかもしれません。子どもは心身の関係が未熟・未分化で，精神的ストレスが身体症状化し易いことが特徴的です。その場合，ストレスを軽減するための環境調整は欠かせません。

　また，「記憶が抜け落ちる」「急に倒れる」「知らない間に攻撃する」など，ストレスで自分を保てなくなることもあります。例えば，教師が叱っているときに，子どもの目が泳ぐ，ボーッとした表情で話を聞いていない様子を見つけることがあります。その場合，子どもは無意識的に危険な場所から自分を逃避させているといわれています。例えば，父母の仲が悪く，DVの目撃という環境下で，子どもは自分の精神を守るために，このようなサインを発してその環境に耐え，何とか現状から生きのびる術を会得します。そして，「自分は受容されていないんだ」「自分は悪い子どもなんだ」という思いをうっ積させ，苛立ちが体の中に蓄積していきます。その苛立ちは，学校場面や登下校場面などのほんのささいなきっかけで，自分の感情が刺激されてしまい，他児への攻撃という形をとり爆発することも考えられます。

子どものバーバルなサイン（言葉から捉える）

　子どもが発する以下の言葉ですが，そのまま捉えてよいでしょうか。実は文字通りに捉えられない場合もあるのです。

Chapter1　ウェルビーイングなクラスをつくる5つのヒント

> 「Aちゃんにいじめられた」→「先生，私にかまって！」
> 「Bちゃんに嫌なことを言われた」→「実は，Bちゃんが好きなんだ」
> 「先生なんて大嫌い！」→「先生，私のこと嫌いなんでしょ」
> 「給食なんていらない！」→「先生，私の話を聴いて！」
> 「マジ，ムカつく」「ウザイ」「キモイ」→「今は，そっとしておいて」
> 「死ね」「くたばれ」→「どうして，分かってくれないの？」
> 「勉強面倒くさい」→「勉強が分からなくて困っている」

　ですから，子どもの言葉だけを鵜呑みにしないことです。幼い子どもほど，色々な物事の流れを記憶して，順序立てて話をすることはとても難しいことなのです。子どもは断片的にしか物事を捉えることが出来ません。だから，子どもが発した言葉について「その前は何があったの？」「その後はどうしたの？」などと，発せられた言葉の前後について質問しながら，ゆっくりと聴き取っていくことが大切になります。教師からの簡単な質問を通して，子ども自身，自分が発した言葉の前後の流れを思い出すことで，自分を正しく捉え，自分の心に気づくことにつながります。

　また，ここには，**子どものウソも隠れている場合があります**。まず問題のないウソかどうかを見極めることが大切です。「失敗を隠したり，自分をよく見せたり，注意を引く」場合，また「心配させない（大丈夫じゃないのに大丈夫と言ったり，楽しくないのに楽しいと言うなど）」子どもがウソをつくに至った心理や理由を把握し，それに応じた対応をすることが大切です。子どもは，教師が自分の気持ちを理解してくれていることを感じれば，今後は，ウソをつく前に相談するようになったり，正直に話をしてくれるようになっていくのです。どうか，子どもの発した一言だけで，単純に共感したり怒ったりせず，大きな気持ちで話を受け止めながら，その前後の様子へ想像を巡らしつつ，ゆっくりと話を聴いてあげてください。

3 子どもをほめるとき，叱るとき，どうしてる？

子どもをほめるとき，適切なほめ方をしていますか？

　子どもをほめるとき，どのようなほめ方をしているでしょうか？　ほめると前頭葉のドパミンが増え，やる気につながるといわれています。
　❶表情はにっこりと嬉しそうに，声はやや高く明るく，言葉は「○○が出来て，偉いね！すごい！」「○○してくれてありがとう！嬉しい！」など具体的に子どもの行動をほめることが大切です。
　なぜなら次の良い行動に結び付けることが出来るからです。子どもがほめて欲しいようなことを見つけておくことも大切です。しかし，ほめ方NGもあり，せっかくほめたのに，全く効果のないほめ方もあるのです。
　❷ほめ方NG「いい子だね」「頭がいいね」などの具体的でないほめ方，人前で大げさにほめる，思ってもないのにほめる，「90点取れてすごいね」など結果のみをほめる，歯が浮くような心にないほめ方，「これが出来たら，いい子だから○○をあげる」など条件をつけた親が望む行動をほめる，他人やきょうだいと比較してほめるなどは，絶対に避けるべきです。

子どもを叱るとき，適切な叱り方をしていますか？

　子どもを叱るとき，どのような叱り方をしているでしょうか。教師の感情や思い込みで叱ってはいませんか。特に怒りが伴わない叱り方でないと効果はありません。怒ることで，自分の感情を発散しているだけだからです。まず，子どもを叱りつける前に「どうすれば子どもが自分から行動を起こしたくなるのか」を考えてみることが大切です。
　❶表情は，怒った表情より悲しい表情で，声は，やや低く，言葉は「ダ

メ！」「やめなさい！」と短く制し，落ち着いてから理由を説明します。そして，子どもが理解出来たらほめることが大切です。

　またいつもほめている状態だと，たまに叱ると効果的ですが，いつも叱っていると全く伝わらなくなるので要注意です。

　❷叱り方NG「なんでそんなことをしたの」「いい加減にしなさい」など具体的でない叱り方，人前で叱る，同じことをしたにもかかわらずあるときは教師の気分によって見逃したり，あるときは教師の虫のいどころが悪くて強く叱るなど一貫性のない叱り方，「バカじゃないの」「どうしようもない子ね」「これは常識だよ」など，子ども自身の存在を否定する言葉，子どもの自尊心を傷つける叱り方，他児と比較して叱るなどは絶対に避けるべきです。

　また，叱らずに子どもに適切な行動に結び付ける以下の方法もあります。

　❸叱らずに，見たままの状況を表現し，出来たらほめます。

　×「何回ドアを閉めなさいと注意すれば，あなたは理解出来るの？」

　〇「ドアが開いているよ」

　〇閉めてくれたら「ドアを閉めてくれてありがとう」とほめる

　❹叱る前に，まず子どもの気持ちを受け止め子どもの意欲につなげます。

　カッとして叱ってしまう前に，まず子どもの気持ちを受け止め，こちらの怒りを飲み込むことが大切です。そして，次に子どもの気持ちを言語化します。例えば，叱られるような結果に至った子どもの状況を推測して，そのときの子どもの気持ちを言語化してみることも大切です。なぜなら，子どもは大人のように自分の気持ちや状況を的確に言葉にすることが出来ません。従って例えば，「あなたは，課題がなかなか進まなくてイライラして（感情），友達をたたいてしまった（行動）のかな」など，「友達をたたいてしまった（行動）のは，課題がなかなか進まなくてイライラした（感情）からかな」と，感情と行動を結び付けて話を聴いていきます。そして，次にどうすれば良かったのかを考えることが，子どもの意欲につながります。

4 子どもと本音トーク，出来てる？

曖昧言葉を封印しよう

「どうしていつもそうなの」「どうして出来ないの」「何回言ったら分かるの」「早くしなさい」「ちゃんとしなさい」など，子どもにとって具体的でない曖昧言葉を多用していませんか。曖昧言葉の代わりに「○○をしてくれると助かる」「○○をお願い」など，簡潔で肯定的で具体的な言葉での指示を出すことが大切です。

相手に率直に伝わるために，本音で話をしよう

夜遅く帰宅したとき「いい加減にして，何時だと思っているの！」と言われたことはないですか？ きっと家の人は「あまりにも遅いから事故にでも遭っていたらと思って心配していた」という気持ちから出た言葉だと思います。私達は，つい感情が先走って怒り口調になってしまいます。そんなときこそ，本音トークが大切です。また心の中では絶対に許さないと決めていながら，口では「あなたの好きにしたらいいよ」など，ダメと直接言わないような**2つの矛盾したメッセージを伝えてしまうダブルバインドは絶対にNG**です。本音を出さないと会話は続かないし，相手も出せなくなってしまいます。

因みに子どもが信頼し，相談してもらえる大人は以下のような人達です。

---

❶最後まで話を聴いてくれる人　❷決して否定しない人
❸分かったふりをしない人　　　❹認めてくれる人
❺安易にアドバイスをしない人　❻以前話したことを覚えていてくれる人

---

5 アセスメントに基づいた子ども面接，ちゃんと出来てる？

子どものアセスメント「子どもの交友関係チェックシート」

「子どもの状態をアセスメントする」ってとても難しいと思いませんか。まずは，子どもがどんな人達と関わりがあるのかを把握しておくことが，その子への理解につながります。

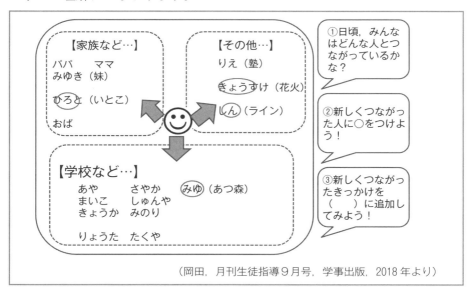

(岡田, 月刊生徒指導9月号, 学事出版, 2018年より)

子ども自身も誰とつながっているかを客観的に知っておくことで「自分は多くの人々に支えられて生きている」ことの理解と「何かあったらヘルプを出せる人」を把握しておくことで，相談対象の確認にも使えます。例えば，長期休業中に，新たに参入してきた人はどんな人なのか，またどのようにつながったのかを書かせ，把握しておくことでアセスメント出来ます。

子どものアセスメント「からだとこころのお天気チェックシート」

　子どもの心身の状態について，主観的健康感を利用し，分かり易くお天気に例えることでアセスメントします。子ども自身も自分の状態を客観的に捉える機会になり，メタ認知の促進が期待出来ます。また養護教諭は，保健室に来室した子どもに実施することで，見立てる際に効果を挙げています。

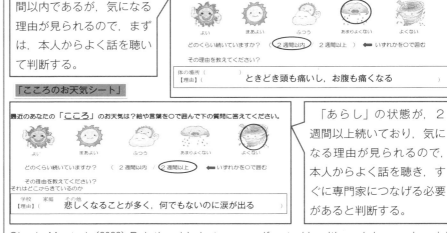

Okada M, et al. (2022) Relationship between self-rated health and depression risk among children in Japan. Humanit Soc Sci Commun 9:136. 他

【ポイント】
　主観的健康感は抑うつとの相関が高いので「からだ」では，「あまりよくない（あめ），よくない（あらし）」が２週間以上続いている場合，「こころ」では，「あまりよくない（あめ），よくない（あらし）」が２週間以内であっても，特に注意が必要となります。

Chapter1 ウェルビーイングなクラスをつくる5つのヒント

アセスメントに基づいた面接方法

4月の学級開き，長期休業明けなど，効果的な子どもの面接をするには，まず「子どもの交友関係チェックシート」と「からだとこころのお天気チェックシート」のアセスメントを実施し，それに基づいた面接がお勧めです。そして面接を実施するときには，以下のルールが大切です。

❶第1段階 「子どもをほめるだけ面接」(教師はしゃべりすぎないこと)

子どもは自分の良いところに気づいていないことが多いので，まずほめることから始めます。例えば，1日5分，3名程度の面接なら，当日実施する3名の行動をよく観察し，具体的にほめる点（例えば，隣の子どもの消しゴムを拾ってあげた，掃除の時間に友達が机を運ぶのを手伝ってあげた等）を記録しておきます。そして当該の子どもの行動を具体的にほめながら，「**子どものノンバーバルな部分（顔色や視線，表情，仕草，姿勢，服装など）を見逃さない**」ことが大切です。子どものバーバルな部分とノンバーバルな部分の整合性がとれているかも判断材料になるからです。例えば，言葉では「毎日楽しいです」と言いながら，表情が曇っていたり，声に張りがなく視線を落としたりした場合，もしかしたら，本当は楽しくないかもしれません。そんなときは，別日を設定した面接が必要になるかもしれません。その場合は，**Chapter3-2**の「来談者中心療法」(pp.102-113)を参照してください。

❷第2段階 「子どもへのお願い面接」

第1段階と同じ要領＋**教師からのお願い**をします。ここでは注意して欲しいことを説諭するのではなく「お願い」をします。例えば「宿題を毎日出して欲しい」，「授業のとき，席にいて欲しい」など具体的にお願いするのです。

❸第3段階 「子どもへの追加お願い面接」

第2段階での**教師からのお願いが叶えられているか検証**します。お願いが叶えられていたら具体的にほめ，そのときの教師の気持ちを丁寧に伝えます。そして「次のお願い」をします。勿論，注意すべきことがなければ，具体的にほめるだけで OK です。

Chapter2

クラス集団対応の
悩みを解決する
5つのアプローチ

1 グループワークトレーニング
学級担任として何をすべきか分からない

グループワークトレーニングとは？

　学校・学級は人間関係や集団を形成する重要な場です。いじめ，不登校，学級崩壊，子どもの自殺，暴力行為など，児童生徒の人間関係に関わる深刻な問題を背景として，学校の授業の中で人間関係・対人関係をトレーニングすることが求められてきました。他者と関わる力やスキル，人間関係を形成し維持する力を育成するために，集団にアプローチする方法の1つがグループワークトレーニングです。グループ・アプローチといわれることもあります。

❶構成的グループ・エンカウンター（SGE）

　代表的なグループワークトレーニングとして，1970年代後半から國分康孝らによって提唱・実践された「構成的グループ・エンカウンター（Structured Group Encounter：SGE）」があります。構成的グループ・エンカウンターは，エクササイズを用いてふれあいと自己発見を促進する教育技法であり，（集中的）グループ体験であるとともにカウンセリングの一形態（予防的・開発的カウンセリング）であると位置づけられています。エクササイズのねらいとしては，①自己理解，②自己受容，③自己表現・自己主張，④感受性（傾聴），⑤信頼体験，⑥役割遂行の6つがあります。

　構成的グループ・エンカウンターのねらいは，（1）人間関係をつくること，（2）人間関係を通して自己発見することです。構成的グループ・エンカウンターを実践することで，児童生徒の対人関係や集団参加に対する不安が軽減したり，対人関係が維持・発展したりし，児童生徒の学級適応感が高まることが期待されます。

Chapter2 クラス集団対応の悩みを解決する5つのアプローチ

【図1　構成的グループ・エンカウンターの3つの原理】

1. **ふれあい（リレーション）**と**自己発見**を促進する

ふれあい（リレーション）	自己発見
ホンネとホンネの交流（感情交流，**自己開示**） ・自分のホンネに気づく ・気づいたホンネを表現・主張する ・他者のホンネを受け入れる	周りの人は気づいているが，自分は気づいていない自分（盲点の窓）に気づくことで，周囲の人々も自分自身も気づいている領域（開放の窓）を広げること。

2. **折衷主義的**なプログラムを構成する

どのようなエクササイズをどのような場面で展開することがメンバーにとってメリットとなるのか考えて，**柔軟にプログラムを構成する**。

3. ふれあいと自己発見の2つのプロセスを並行して進める

　ふれあい（リレーション）では自己開示を大切にしており，エクササイズを介して自己開示をし，自己開示を介してリレーションをつくります。それにより情緒的な交流による人間関係を体験するとともに，自己発見を促します。

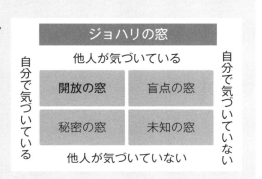

【参考】自己開示とジョハリの窓
○自己開示：特定の他者に対して，自己に関する本当の情報を言語的に伝達する行動。自分に関する事実を話したり，自分の感情を表出したり，自分の価値観について述べたりする。
○ジョハリの窓：自分が知っている自分，他人が知っている自分を4つの窓のようなカテゴリに分類する自己分析方法。

❷構成的グループ・エンカウンター（SGE）実施の具体

・4月，5月，9月といった時期に重点的に取り組むとうまくいきます。

・エクササイズの構成を考えるポイントとしては，1人から2人へ，そして4人，6人，8人とグループの人数を増やしていきます。また身体的接触の少ないものから身体的接触の必要なものへ，表面的なものから内面的なものへ無理なく自己開示出来るように構成し日常の学校生活場面とつなげる工夫が必要です。

・エクササイズを実施するには，そのねらいを明確に伝えることが大切です。そしてデモンストレーションこそが大切で，特に小学生の場合は，教師が実際にやってみせることが必要となります。

【内容】初期には，心理的抵抗の少ないもの，楽しくゲーム感覚で出来るもの，身体接触を伴わないものがお勧めです。中期には，信頼関係が深まるもの，手をつなぐなど身体接触を伴うものもクラスの状態を見極め取り入れます。そしてクラスの人間関係が深まったら，自分を語れるものや自己開示の含まれるものも有効です。さらに，保護者会で実施することによって交流が深まります。例えば他己紹介などがお勧めです。

・所要時間ですが，短時間をこつこつと積み上げることが大切です。そのためには朝の会や帰りの会など，全員で取り組めるものや，同じエクササイズを繰り返し実施することも有効です。エクササイズを行う場の雰囲気づくりを工夫し，BGMや明るさの調整等の演出で雰囲気を出すと盛り上がります。

【留意点】構成的グループ・エンカウンターは，ベーシック・エンカウンターと異なり，枠をつくることでの自由さと，メンバーの心的外傷を守ることが出来ますが，その枠で傷つく児童生徒も存在することは否めません。児童生徒に対するアセスメントが不十分だと傷つく体験になってしまいます。従って，時間や数の競い合いなどはお勧めしません。なぜなら，発達特性を有する児童生徒の場合は，勝ち負けにこだわってしまい，せっかくの楽しいひとときが，苦しくつらいひとときになってしまうこともあるからです。

○構成的グループ・エンカウンター（SGE）を学校で実施した教員の感想
【良かった点】
＊グループワークを取り入れることで，個々が関わる場面を意図的に仕組むことが出来るため，子ども同士をつなぐきっかけづくりとなり，人間関係を変化させることが出来た。
＊１対１だと難しい場合でも，小集団を組み，その中で温かい時間を共有することがつなぐ一歩になると思った。
＊教師が常に活動の目的（ねらい）を子ども達に理解させながら活動していかなければ，活動によってクラスのリレーションに影響を及ぼすことがあるため，どのような活動を取り入れるにしても，クラスのアセスメントを十分にした上で，必要な配慮についても考慮しながら実施する必要があると思った。
＊活動後はシェアリングの時間を重視し，メタ認知による自己成長を促せるような取り組みにしていくよう行っていきたいと感じた。
＊指導する教師も，グループワークトレーニングを実施することで，個々の子どもやクラス全体の状態を捉える力が身につき，子どもに対して肯定的な捉え方やフィードバックをする力が伸びると思った。
【注意するべき点】
＊どうしても参加することに難色を示す子どもは一定数存在するので，やれる・やれない子どもに対しては，前もっての情報や役割を与えた上での実施も重要である。また，活動内容を見ながら子どもの入りたいタイミングで参加出来る環境をつくることも必要だと思う。
＊１回で関係性が大きく変わることは難しいため，実態に応じた段階の活動を継続して取り組むことが必要だと思う。
＊教師が個々の関係性を把握しておくことで，起こりうる問題を未然に防ぐことが可能となるため，グループの構成を意図的に仕組むことが重要である。
＊小学校では，学期ごと，また夏休みや冬休み明けの内容によっては注意が必要で，例えば，長期休暇に家族旅行などしていない児童もいるので，ビンゴゲームなどの内容では，家庭環境の格差に気をつける配慮が必要になる。

Case

1 新学期,学級担任として何をしていいのか分からない

クラスの困った場面

A先生
　小学校です。新学期になり,持ち上がりクラスなら子どもの様子も熟知しているので分かるのですが,転勤した学校で初めてのクラスだと,子ども達とどのように接していくべきか不安になります!

B先生
　中学校です。引継ぎされてもよく分からず,自分の捉え方と違うと決めつけになるような気がします。先入観で子どもを見たくないのですが,クラス開きなどでどのようにしたらいいのか悩みます。

アドバイス

　新学期は引継ぎも大変ですが,それは先生の頭の中に入れておき,まっさらな気持ちで子ども達との時間を過ごすのはいかがでしょうか。

　なぜなら,子ども達の中には学年が変わり,過去の自分を捨て新たな自分に向き合おうとしている子どももいるからです。そんな子ども達を前にして,まずお願いしたいことは,**教師の自己開示**です。新学期,子ども達は「どんな先生なのか」興味津々です。また教師がクラスの良きリーダーとして認めてもらえるか否かは,4月中にほぼ決まります。そこで自己紹介の手順を示します。**最初に教室内の空気を柔らかくし,最後に真剣に教師の願いを語ります**。簡単にパワーポイントにまとめて提示しても OK です。

　❶表情はにっこり,クラス全員の子どもの顔を見てほほ笑む
　❷教師の名前を紹介し,みんなと出会えて嬉しい旨を言葉にする

❸「好きなもの（こと）」を紹介する。なぜ好きなのか理由も伝える
❹「得意なことと不得意なこと」を紹介する
　＊ここでは，不得意なことで，困ったことや恥をかいたことなどを伝えます。**教師も普通の人間であることを伝えます。**そして，どうやってそれを克服してきたのか，もしくは克服出来ない状態にあるのか，努力したけど諦めたのか，を伝えることで，子ども達は教師に親しみの感情を抱くようになります。
❺質問タイムを設け，子ども達からの質問に答える（笑いが大切）
❻空気を換え，クラスの子ども達に対する「教師の願い」を真剣に伝える

　次に，**子ども達同士の自己紹介**に移ります。ただ，全体の場では発言しにくい子どももいます。ここでは，教師が一人ずつ名前を呼んで「よろしくお願いします」程度にとどめておきます。
　さらに時間が許せば，隣の席同士での簡単な仲間との関係づくりをします。相手のことを知り，自分の知らない相手に気づくことが出来るような仕掛けをします。
❼お互いの質問を「好きなもの」に限定した自己紹介
　1．隣の席同士で2人組を作りジャンケンしてAさんとBさんを決め，お互いに名前を言い「よろしくお願いします」と挨拶します。
　2．30秒間，AさんがBさんに「あなたの好きなものは何ですか？」「他には？」と1つずつ質問し，Bさんが1つずつ答えていきます。交代してBさんがAさんに30秒間質問し，Aさんが答えます。
　3．机の前後で4人組になります。ここにはAさんが2名，Bさんも2名いますので，Aさん同士がジャンケンして，勝ったAさんがBさんの好きなものを名前も含めて他の人に紹介します。次に交代し，Bさん同士ジャンケンして，勝ったBさんから同じように他の人に紹介します。
　その後，教室内に子ども達の「自己紹介カード」を掲示することも出来ます。その際，教師もクラスの一員なので同列で貼っておくようにしましょう。

Case 2 新学期が始まり，クラスの子ども達が落ち着かない

クラスの困った場面

A先生

　小学校です。無事に新学期が始まり全体的にクラスは明るく元気です。慣れてきたのか授業中に私語をして，クラスがざわざわしてきました。その私語に反応する子もいる一方，常に黙って授業に集中している子もいて，邪魔だと感じているようです。何かいい方法はないでしょうか？

B先生

　中学校2年生です。4月当初はお互いを意識しながら大人しくしていたのですが，連休も明け，そわそわする子どもが多くなり浮足立っている感じが否めません。そのうち，教師の言うことをきかなくなるのでは，と心配です。

アドバイス

　新学期，子ども達は，それぞれ新しい環境での変化に頑張って自分を合わせようとしてきたのでしょう。しかし，連休も明け，慣れてくると段々と自分を見せるようになってきたのです。これはある意味，クラスがその子どもにとって自分をさらけ出せる楽な環境になったといえます。自分自身をさらけ出しても，友達が思った以上に肯定的に受け止めてくれる体験を通して，相手の反応や出方を見ているのかもしれません。子どもの中には，自分勝手な態度が，すべて受け入れられていると誤解している子どももおり，わがままを承認されていると勘違いしてしまう場合もあります。

Chapter2 クラス集団対応の悩みを解決する５つのアプローチ

困った場面への対処法

　まだまだ新学期なので，以下のようなクラス全体でのアイスブレイクでお互いを近づけていくことをお勧めします。

❶ <u>バースデーチェーン</u>をしてお互いの誕生日を知ることで親しくなる

　クラス全体で誕生日順（１月１日生まれから，12月31日生まれまで）に教室内に大きな円を作ります。約束は「口を閉じ言葉を発しないこと」「指で誕生日を相手に伝えること」の２つです。教師はタイムを計測します。

　大きな円が出来たら，改めて自分の両隣の友達に挨拶をします。そして教師が「お友達の誕生日を初めて知った人もいましたね。自分と誕生日が近い人には親しみを感じませんか？　自分の誕生日が近づいたら，是非そのお友達にも『おめでとう』を言ってあげてください。」と言うことで，意識したことのない友達について親しみを感じることになります。

❷ 「今日の気持ち天気（朝と午後）」のワークをする

　新学期も少し落ち着いてくると，自分優先の子どもが目立つようになる頃です。一方，そんな子に遠慮して自分の気持ちを表に出せない子どももいます。そんなとき，お互いの気持ちを分かり易く「お天気」で表します。

　朝，登校したときのお天気，午後もしくは帰りの会でのお天気で２回実施することで，お互いの子どもの気持ちに気づけるようになりますし，子ども自身，自分の気持ちの変化を自分で感じることが出来ます。

　１．黒板に３つの天気（晴・曇・雨）を描きます。
　２．クラスの子どもが，それぞれのお天気の前に並びます。
　３．周りを見渡し，どの子どもがどのお天気に並んでいるのか確認します。可能であれば，お天気ごとに並んでいる子どもの気持ちを，お天気ごとで分かち合います。

　＊朝も午後も「雨」を選んだ子ども，朝は「晴」だったのに午後は「雨」を選んだ子どもには，教師は留意しておく必要があります。

Case 3 特定のグループの子以外と話そうとしない子がいる

クラスの困った場面

A先生

小学校4年生です。新しいクラスになったからか，猫をかぶっていたのか，そろそろ自分の殻を破って自分勝手な行動をとる子どもが増えてきて困っています。ある子中心のグループが，それぞれ出来始め，はみ出してしまう子どもも見られます。どのように立てなおしたらいいでしょうか？

B先生

中学校1年生です。4月は楽しそうに過ごしていたのですが，連休をはさんで，学校が楽しくないのか授業中にふてくされた態度や，うかない顔をしている生徒がちらほら見られます。特定の友達とは話をしているようなのですが，クラス全体の士気を高めるいい方法はないでしょうか？

アドバイス

4月は子ども達それぞれに緊張して過ごしてきたのかもしれません。連休も明け，そろそろ緊張がほぐれた頃ですが，まだ慣れなくて，友達の顔色をうかがいながら過ごしている子も散見されます。ストレスがたまっているのかもしれません。しかし子どもは，自分のストレスにはなかなか気づけないものです。クラス全体の歩調を整える前に，それぞれの子ども自身の歩調を整えることが必要です。つまり自己理解の促進です。そして現在の自分の振舞いが相手に与える影響について自分自身で気づかせることが大切です。

困った場面への対処法

○自分のストレスに気づき，対処出来る方法を身につける

　まず，教師が自分のストレス（例えば，新学期が始まり仕事も多く緊張して肩が凝る，疲れがとれないなど）と対処法（例えば，しっかり食べる，寝るなど）について話します。そして，子ども達にも**「新学期も山場を過ぎましたが，みなさんはいかがですか？」**と質問し自分に目を向けさせます。

　1．教師がストレスによるからだの反応と，こころの反応について説明し，自身に当てはまるものに○をさせ自覚させます。

　2．考えられる原因について，当てはまるものに○をつけさせます。

　3．試してみたいストレス対処法について，○をつけさせます。

　1，2については，子ども自身で振り返らせますが，3のみクラスで取り上げます。そして他の子どもが試しているストレス対処法について紹介してもらい，多くのコーピングの種類を持っておくよう勧めます。

　＊不適切な対処法（自傷他害，ひたすら我慢するなど）には注意。

ストレスによる**からだの反応**	ストレスによる**こころの反応**
肩こり　吐き気　ドキドキ　息切れ　冷や汗　便秘　頭痛　疲れ　震え　眠りにくい　目の充血　体のふしぶしの痛み　その他（　　　　）	イライラ　不安　怒り　モヤモヤ　涙もろい　集中出来ない　怖い　ひとりぼっち　やる気が出ない　その他（　　　　）
\multicolumn{2}{c}{考えられる原因}
\multicolumn{2}{l}{学校　　家庭　　塾　　部活　　その他（　　　　　）どんなことか，書ける人は書いてみよう〔　　　　　　　　　　　　　　　　　　　　　　　〕}
\multicolumn{2}{c}{試してみたいストレス対処法（ストレスコーピング）}
\multicolumn{2}{l}{「大丈夫」と自分に言う　深呼吸する　ストレッチする　祈る　泣く　その他〔　　　　　　　　　　　　　　　　　　　　　〕}

2 他者とのトラブルが絶えない
ソーシャルスキルトレーニング

ソーシャルスキルとは？

　ソーシャルスキル（social skill）は，社会的スキルともいわれ，臨床心理学や精神医学，発達心理学，社会心理学，特別支援教育といった分野において研究が発展してきました。そのため，ソーシャルスキルとして重視される行動は分野によって異なります。例えば，特別支援教育では，生活技能訓練や自立のための社会的生活の訓練などがソーシャルスキルとして重視されるのに対して，臨床心理学では，他者との関係の形成や維持，集団適応の側面に力点を置くことが多いようです。また社会心理学のソーシャルスキル研究では，より良い対人関係の形成など，積極的な意味での対人関係を扱ったりしています。

　ソーシャルスキルの定義は色々ありますが，本書では「対人関係を円滑にするスキル」（菊池・堀毛，1994）とします。具体的には，挨拶をする，相手の話を聞く，お礼を言うといった基本的なスキルから，相手の感情を害さないように自己主張する（例：アサーション），自分の感情を知り感情表現をコントロールする（例：アンガーマネジメント）といった，様々なスキルがあります。

【様々なソーシャルスキル】
○基本となるスキル：話を聞く・話をする，お礼を言う，あやまる　など
○感情処理のスキル：自分の感情を知る，アンガーマネジメント　など
○攻撃に代わるスキル：自己主張をする（アサーション）　など
○ストレスを処理するスキル：ストレスに気づく，気分転換をする　など

（菊池・堀毛（1944）より一部抜粋・改変）

ソーシャルスキルトレーニングとは？

　ソーシャルスキルは，訓練（トレーニング）によって学習することが可能です。学校の先生が子ども達に，授業の一環としてソーシャルスキルを教えるような実践をソーシャルスキルトレーニング（Social Skill Training：SST，ソーシャルスキル教育）といいます。

【図2　ソーシャルスキルトレーニングの流れ】

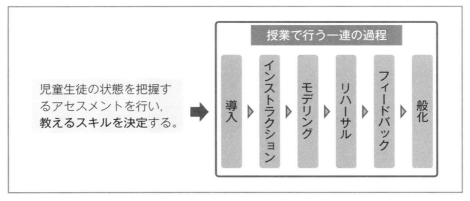

　逸脱・違反・攻撃といった非行を中心とする反社会性の問題や，内気・引っ込み思案・孤立といった非社会性の問題を背景として，ソーシャルスキルトレーニングによる人間関係力の育成に関心が寄せられるようになり，これまで様々なソーシャルスキルトレーニングが開発されてきました。

❶アサーション（assertion / assertiveness）
　対人関係を考慮し，相手の立場を傷つけないように配慮した自己主張のことをアサーションといいます。

❷アンガーマネジメント
　アンガーマネジメントとは，怒りの感情を有害なものと見なし，怒りの感情を鎮めることを重視したアプローチです。

❸ソーシャルスキルトレーニング（SST）実施の具体

以下，発達段階での活用について，教員が実施している例をまとめました。

	問題	SSTの概略	目標
小学校	・相手の立場に立って行動出来ない。 ・すぐにちょっかいを出す。 ・自分の主張が強い。	・ロールプレイでの体験を通して，お互いに相手の気持ちを理解するワークなど。 ・行動する前に深呼吸したり，口角をあげてニコッとする。 ・**「話を聞く・話をする」スキル**を取り入れて，自分の言葉を見直すワークなど。	・相手の立場に立って考えられるようになる。 ・相手の話を聞き入れられるようになる。 ・相手に分かり易く伝えるコツを掴む。
中学校	・暴言が多く，すぐに手が出る。 ・相手を許すことが出来にくい。 ・「みんなが～しているから」と，すぐに友達に合わせて行動をしてしまう。	・**アンガーマネジメントスキル**を身につけさせるワークなど。 （例）身体感覚（イライラして手が出る）と感情（怒り）を結び付け，自分の気持ちとそれに伴う行動に気づかせる。次にその感情を言葉にして受け入れる。 ・**怒りの正体を見極める。** （例）正体は自分の中にある「べき」思考であることに気づく。次に「許せない」範囲を狭め，「まぁまぁ許せる」「許せる」範囲を広げる。 ・**同調行動をしているメリットとデメリットを整理**する。デメリットが多く，それが自分のストレスになるかどうか吟味させ，判断させる。	・自分自身の気持ちに気づき自分でコントロール出来る。 ・状況判断が出来るようになる。 ・自分のアンガーマネジメントスキルを１つ確立する。 ・相手への許容範囲を広げる。 ・自分らしく自信を持った行動が出来る。

Chapter2　クラス集団対応の悩みを解決する5つのアプローチ

高等学校	・「我関せず」の態度で自分さえよければと行動しがちである。 ・自分勝手に行動して反省しない。	・アサーションの3パターン **タイプ1：攻撃的（アグレッシブ）な自己表現**：自分は大切にするが，相手を大切にしない自己表現。 **タイプ2：非主張的（ノン・アサーティブ）な自己表現**：相手は大切にするが，自分を大切にしない自己表現。 **タイプ3：アサーティブな自己表現**：自分も相手も大切にした自己表現のいずれかに自分を当てはめて考える。	・自分も周りも配慮した行動がとれるようになる。
特別支援学校	・ストレスをため込み，欠席する。	・**ストレスマネジメント**を実施する。 ①自分のストレスに気づくために，ストレッサーとストレス反応について考える。 ②自分の状態をセルフモニタリングし，具体的に対処（コーピング）する。	・ストレスマネジメントスキルを身につける。
	・困ったときにひたすら声をかけられるのを待っている。	・最初の言葉「ちょっといいですか？」「すみません」を言ってから話しかける。	・言葉で自分の困っていることを言えるようになる。
	・分かっているのに，相手への適切な反応が返せず固まってしまう。	・言葉で言えない場合にどうするかを考える。 （例）レッドカードやイエローカードを用意して出したり，付箋紙を常に持ち歩き，それに記入して相手に渡す。	・ヘルプカードを出せるようになる。 ・付箋紙で相手に自分の気持ちを伝えられるようになる。

49

Case

1 他者をからかったりちょっかいを出す子がいる

クラスの困った場面

A先生

小学校4年生です。授業中,相手が意地悪をした訳でもないのに,相手のことをからかったり,消しカスをわざと投げたりしています。相手が嫌な顔をしているのに気づきません。何度,注意をしても,繰り返してしまい反省出来ない状態で困ります。

B先生

中学校1年生です。静かにしないといけない給食の準備中や掃除中にずっとしゃべっており,自分の役割を果たさず,友達にちょっかいを出して遊んでしまいます。注意をしたときは,悲しそうな表情をしますが,すぐに忘れて同じことを繰り返します。

アドバイス

まず,当該の子どもの背景にはどのようなものがあるのか,アセスメントすることが大切です。発達の課題や愛着に問題がある場合も考えられます。また,単に教師に注目してもらいたいと思っているのかもしれません。発達に課題がある場合は,スクールカウンセラーや,スクールソーシャルワーカー等との協働も必要になるかもしれません。

特にADHD(注意欠如・多動症)傾向にある子どもは,通常の子ども達より,やや精神年齢が低いといわれています。とても人懐っこくて,かわいらしく,他の子どもに比べて子どもっぽく見える部分があります。ここで簡単にADHDについて解説しておきます。

ADHDは，不注意（注意力欠如），多動（落ち着きがない），衝動性（予期せぬ行動をとる）が中核症状で，それらの行動により社会的な活動や学業の機能に支障をきたすといわれています。低年齢では多動性－衝動性優勢型，不注意を伴う混合型が多数を占め，年齢が高くなるに従い，不注意優勢型の割合が高くなります。中核症状の程度は，相手や場面により変動があるようです。簡単な特徴を以下にまとめますので参考にしてください。

	不注意	多動・衝動性
長所	・何かに夢中になると，他のことに目が入らないくらい集中出来る。 ・嫌なこともすぐ忘れ聞き流せるところもある。 ・人が注目しないところにも注目出来る。 ・ユニークで豊かな発想の持ち主。	・エネルギッシュで行動力がある。 ・アイデアが豊富。 ・切り替えが早い。 ・素早い反応が出来る。
短所	・うっかりミスや計算間違いで損をしている。 ・忘れ物やなくし物が多い。 ・整理整頓が苦手である。 ・気が散りやすく，ボーッと考えごとをしてしまう。 ・人の話を聞いていないように見える。	・落ち着きがない。 ・体のどこかが動いている。 ・過剰なおしゃべり。 ・順番を待てない。 ・興奮し易く感情的になり易い。

困った場面への対処法

❶クラスで動きのある授業をし，当該児が動ける場づくりをする

クラス全体で立つ，座る等の活動を多く取り入れることが大切です。例えば全員立って音読出来た人から座るなど，意図的に動きのある活動をさせ飽きさせないようにします。また，当該児には配付物を配らせる，集めるなどの役割を持たせ「配ってくれてありがとう」と教師がほめるようにします。

❷教師がモデルとなる子どもの行動を全体に伝える

当該児を注意するのではなく，「良い姿勢だね」「隅まできちんと掃除出来ているね」など具体的に良い行動を全体に伝えるようにすることが大切です。

Case
2 教師の話が聞けない子がいる

クラスの困った場面

A先生

小学校4年生です。授業開始後から教師の指示に従わず,板書も写しません。個別に指示をしても,すぐに気が散り手遊びをしています。こちらもイライラするし,個別に注意ばかり出来ないので困ります。

B先生

中学校2年生です。授業中,やる気がないのかボーッとしていることがあります。注意すると従うのですが,課題を与えても真剣に取り組もうとしません。注意しすぎると余計に面倒くさそうな態度をとるので,どうしたらいいか悩んでいます。

アドバイス

【問1】当該児への注意方法は適切ですか？

　当該児に注意する場合,否定的な言葉「～してはいけません」や,曖昧言葉「いい加減にしなさい」「何度言えば分かるの」などで注意をしていませんか。短い言葉でシンプルな指示が重要です。子どもの特性によっては,話の聴き方や机の上の準備物など視覚支援が必要な場合もあります。

　当該児と一緒に決めたジェスチャーや,イエロー（注意）カード,レッド（警告）カードなど利用出来ていますか。

【問2】あなたの授業は,退屈になっていませんか？

　意外と自分では気づかずに,単調な授業になっていることがあります。全員を起立させ,答えた人から座る,答えが出来た人は,まだの人を教えに行

く等，子どもが動ける機会を備えたメリハリのある授業が出来ていますか。
【問3】子ども達にとって，分かり易い授業が出来ていますか？
　教師は「これで子どもが理解出来る」と思っていても，子ども達は意外と理解出来ていないことがあります。提示すべき課題は，明確に示せていますか。黒板やホワイトボード，タブレットの指示は的確でしょうか。分かり易く色分けされ，シンプルな問いかけが出来ているでしょうか。意図的に**「出来そう」なことを仕組み「出来た」を実感させる授業**が出来ていますか。

困った場面への対処法

○**教師のアンガーマネジメント**
　教師がイライラしていると，子どもはすぐに教師の感情を察知し，教師の機嫌をうかがうようになる子，反発する子が出現し，その結果クラスの雰囲気が悪くなって，学級崩壊に至ってしまうことも懸念されます。
　「授業開始後，ある子が大声でふざけ，授業妨害をしている」状況で，教師はどのような対応が出来るでしょうか。以下，各教師が実際に自分なりのアンガーマネジメントをした結果を提示しますので参考にしてください。

教師自身が取り組んだ アンガーマネジメント	ふざけている子の反応	他の子どもの反応
深呼吸してスルーした後，騒いでいる子に静かに声をかけた。	少し落ち着き，授業に戻った。	教室の状態が授業モードに入ったことを察して静かになった。
息を思い切り吐いて，周囲の児童をほめて淡々と授業を始めた。	そのまま騒いでいたが，周囲を察して静かになった。	教師に注目されたことで授業に向かった。
ごくんと息をのみ，騒いでいる子をじっと観察した。	教師の視線を感じ騒ぐのを止めた。	大人しく授業に集中したが，少し萎縮気味だった。
左手をグッと握り，じっと騒いでいる子を見た。	教師の視線に周りの子が気づき，その様子に違和感を覚えたのか静かになった。	騒いでいる子に注意を始める子が出てきた。いつもより真面目に授業に取り組んだ。
6秒間数字を数え，にっこりしながら手をパンパンと叩き始め，全員が注目してから授業を進めた。	驚いて教師を見て騒ぐのを止めた。	驚いて教師を見た後，授業に戻った。
「短気は損気」と唱え，騒いでいる子に近づいて低い声で「黒板を写そう」と具体的な指示を出した。	騒ぐのを止めて教師の指示に従った。	淡々と自分のすべきことをした。

Case

3 言葉使いの悪い子が多い

クラスの困った場面

A先生

　小学校3年生です。授業開始から，落ち着きがなく「くたばれ」「死ね」「クソ」などの暴言を吐きながら，周りの子どもを煽って授業妨害をします。教師が注意をしても，全く言うことをきかず，ますます暴言がきつくなり騒いでしまいます。どうしたらいいのか不安です。

B先生

　中学生です。何か気に入らないことがあると「じゃねーし」「うぜえ」「やべえ」「オマエが死ね」など，笑いながら大きな声でしゃべります。周りにいる子は嫌だと思っているはずなのに，ヘラヘラ愛想笑いをするので余計に調子にのってしまいます。このままでは，孤立してしまわないか心配です。

アドバイス

　ここに相談されている子ども達について，3つのことが考えられます。
　1つ目は，何かしらストレスがあり，感情が高ぶってしまい，衝動的に暴言を吐いてしまう，2つ目は，本当の気持ちが上手に表現出来なくて代わりの言葉として出てしまう，3つ目は，不安な気持ちを打ち消すために，思わず攻撃的になってしまうということです。子どもの背景にも原因があるのかもしれませんが，きっと何かに困って情緒不安定になっていて，さらに自分でも原因が分からないのだと思います。友達の前では横柄な態度をとり威嚇することで，寂しさや不安を必死に隠そうとしているのかもしれません。

困った場面への対処法

❶教師は，まず当該児に対し，心に寄り添った対応を心がける

　暴言を吐いているときやイライラしているときには，感情を出さず淡々と対応することが大切です。決して声を荒げて叱らずに，子どもが落ち着いたときに「落ち着けたね。何かあったのかな？」と静かに話を聴きましょう。子どもが発した不適切な言葉の裏を一緒に探っていくのです。そうすることで，子ども自身も自分の気持ちに向き合えることになるのです。

❷クラス全体で「相手への言葉かけ」を見直す

　日頃，自分が何気なく使っている言葉かけについて見直します。

　1．「自分が，相手からかけられて嬉しい言葉」と「自分が，相手からかけられてイライラしたり傷ついたりした言葉」を書かせます。また，その言葉をかけられたとき，どんな気持ちだったのかを考えます。

　2．次に，自分が書いた相手からかけられた2種類の言葉の中で，実は自分も使っている言葉に○をつけます。

　3．「自分が，相手からかけられて嬉しい言葉」について考えます。これは嬉しい言葉なので，自分も相手にかけていれば，相手もきっと嬉しいと思うはずですから続けていくことを勧めます。

　4．「自分が，相手からかけられてイライラしたり傷ついたりした言葉」について考えます。これは自分がかけられて嫌な言葉なので，相手も嫌だと感じているはずです。従って，相手を傷つけていることになる訳です。このことに気づけば，その言葉を使うことを止めるべきだと分かります。

　改めて自分の言葉かけに気づかせるというワークを使用することで，**相手からかけられて嫌な言葉は，実は自分が誰かに対して使ってしまっていたことに気づくことが出来，自分自身を見つめ直す機会になります**。

　特に傷つき言葉で多かったものは，クラスで共有し，その言葉を使わないよう，見直すことも大切です。

Case
4 自分の意見をはっきり言うのが苦手な子がいる

クラスの困った場面

A先生

　小学校5年生です。授業中，指名されてもモジモジしており，自分の言いたいことを，なかなか言葉にしようとしない子どもがいます。また，クラスのグループ活動でも，なかなか発言しようとしないので，グループの意見がまとまらず困っています。何かいい方法はないでしょうか？

B先生

　中学生です。仲良しのグループでの存在意識もあるようなのですが，いつも友達の後についてまわっています。時々，同じグループの友達から嫌なことを押し付けられていないか心配していますが，本人は至って元気に過ごしている姿が見られます。このままでいいのでしょうか？

アドバイス

　子どもの中には，自分の意見や思いがあるのに，なかなか自己主張出来ない子どもがいます。自分の振舞いが相手にどう思われるかばかり気にしてしまい，自分では気を遣って対人関係をうまく築けていると勘違いしているのかもしれません。また周りに気を遣いすぎてしまい，内心では嫌だと思っていてもしぶしぶ誘いに応じてしまうことによって，必死に友達関係を維持しようとしているのかもしれません。子どもの性格もあるのかもしれませんが，対策を講じないと，着実にストレスが蓄積されていくのではないでしょうか。

困った場面への対処法

○断り方のタイプを通して自分自身に気づかせる

　１．まず，クラス全員で子ども自身がどの断り方をするタイプなのか考えさせます。教師は以下の例を出し，子どもは自分がＢさんになった気分で，どのタイプに当てはまるか，各自で考えさせます。

> 　「帰宅を急いでいたＡさんが，Ｂさんに掃除当番を代わって欲しいとお願いしました。ところがＢさんも塾があるので急いで帰らなければなりません。あなたがＢさんだったらどのように答えますか？」
> 　タイプ１　Ｂさん「はぁ～無理だよ！絶対無理！」
> 　タイプ２　Ｂさん「…ええと（困るんだけど，どうしよう）」
> 　タイプ３　Ｂさん「そうなんだ。ごめんね。代わってあげたいけど，今日は塾があるから無理なんだ。明日なら代われるけど，どうかな。」

　２．次に今度は，Ｂさんに断られたＡさんになった気持ちを全員で考えます。
・タイプ１で断られたＡさんの気持ちを想像してみよう
　「ぴしゃりと断られたのでお願いしなければよかった」「もう二度とお願いしたくなくなった」「そんなにきつく言わなくてもいいのに」
・タイプ２で断られたＡさんの気持ちを想像してみよう
　「代わってくれるのかくれないのかはっきりしない」「早く答えて欲しい」「時間の無駄だからもうお願いしない」「困らせてしまったのかなぁ」
・タイプ３で断られたＡさんの気持ちを想像してみよう
　「Ｂさんの事情もよく分かったので，こちらこそごめん」「ちゃんと理由まで説明してくれてありがとう」「また次お願い出来れば嬉しい」
　クラス全体で，話し合うことによって，自分自身の断り方のパターンを知り，気持ちよい断り方を身につける練習（p.71）をします。

Case
5 自分の主張ばかりする子がいる

クラスの困った場面

A先生

　小学校2年生です。昼休みには，1番に校庭に出てお目当てのボールを独り占めし，自分のお気に入りのメンバーとだけ遊びます。他の友達が待っていても，譲ろうとしない上に，他の子どもが遊んでいる場所にも侵入します。教師が注意すると「ボールは早い者勝ち！」ときく耳を持ちません。どのように対応したらいいのでしょうか？

B先生

　中学生です。クラスの話し合いをしていると，決まって自分の意見を押し通そうとする子がいます。相手の意見も尊重し考えて欲しいのですが，そこまで考えようとしないので，対立してしまいます。周りは，しぶしぶその子の意見に従う傾向にあります。クラスのみんなが気持ちよく話し合いが出来る方法はないのでしょうか？

アドバイス

　この場合，まずは，当該児の主張「ボールは早い者勝ち」というルール自体を見直すこと大切です。そのことが発端で他児が遊んでいる場所への侵入など「人の迷惑になること」につながってくるからです。また自己主張に見えますが，わがままになっている可能性があります。自己主張は正しく相手にこちらの思いを理解してもらうことで，相手に自分の意見を押し付けたり，相手に受け入れさせることではありません。ましてや勝ち負けの問題ではありません。ここでは，相手の気持ちを考慮した上手な注意の仕方，提案の仕方，頼み方を身につけることが大切です。

Chapter2　クラス集団対応の悩みを解決する５つのアプローチ

困った場面への対処法

○注意の仕方（頼み方）のタイプを通して自分自身に気づかせる

　１．まず，クラス全員で子ども自身がどんな注意をする（頼む）タイプなのか考えさせます。教師は以下の例を出し，子どもは自分がＡさんになった気分で，どのタイプに当てはまるか，各自で考えさせます。

　「給食準備中，Ｂさんがおしゃべりしながら，マスクを頭の上につけたまま配膳をしています。きちんとマスクをつけて配膳して欲しいとき，あなたがＡさんだったら，どのように注意しますか？」
　　タイプ１　Ａさん「マスク！ちゃんとつけなよ。不潔だよ！」
　　タイプ２　Ａさん「…マスクなんだけど…ううんと…」
　　タイプ３　Ａさん「悪いけど，今いいかな。気づいている？　マスクが頭についているよ。ちゃんと口につけた方が清潔な感じがするんだけど。」

　２．次に今度は，Ａさんにに注意されたＢさんの気持ちを全員で考えます。
・タイプ１で注意されたＢさんの気持ちを想像してみよう
　「マスクをつけること，忘れていただけなのに，そんな言い方されるとムカつく」「不潔まで言われたくない」「もっとやさしく注意して欲しい」
・タイプ２で注意されたＢさんの気持ちを想像してみよう
　「マスクがどうとか，はっきりしないのでよく分からない」「何を言いたいのか分からない」「配膳で忙しいときに話しかけないで欲しい」
・タイプ３で注意されたＢさんの気持ちを想像してみよう
　「ちゃんとこちらの状況に気づかせてくれて嬉しかった」「次は，ちゃんと気をつけようと思った」「指摘してくれて，その通り。ありがとう」
　クラス全体で，話し合うことによって，自分自身の注意の仕方のパターンを知り，気持ちよい頼み方を身につける練習（p.71）をします。

3 子ども同士が仲良く出来ない
　ピア・サポート

ピア・サポートとは？

　ピアとは英語の"peer"で，「対等」「同じ地位」のものという意味を持ち，ここでは「仲間」と訳します。サポートは英語の"support"で「支える」とか「支援する」と訳されます。ピア・サポート活動は，社会福祉の現場や，小学校，中学校，高等学校，大学といった教育現場などで取り組まれています。

　日本ピア・サポート学会では，ピア・サポートを「学生たちの対人関係能力や自己表現能力等，社会に生きる力がきわめて不足している現状を改善するための学校教育活動の一環として，教職員の指導・援助のもとに，学生たちの相互の人間関係を豊かにするための学習の場を各学校の実態に応じて設定し，そこで得た知識やスキル（技術）をもとに，仲間を思いやり，支える実践活動」と定義しています。ピア・サポートは，思いやりを行動化出来る児童生徒を育て，その結果として学校や学級といったコミュニティを育むことを目的としています（栗原，2024）。

　ピア・サポートは，支援する側もされる側も両方に様々な効果があるといわれています。

　具体的には，学力の向上や，非暴力的なコミュニケーション能力の獲得，発展的な問題解決方法の取得，自分の価値の確認・自己有用感の獲得，自己決定力の向上，対人関係能力の向上など，その効果は心理面や学習面，進路面と多岐に及びます。

❶ピア・サポートの機能と主な内容
　ピア・サポートには次ページのような機能があります。

Chapter2 クラス集団対応の悩みを解決する5つのアプローチ

【図3 ピア・サポートの機能と主な内容（出典：西山・山本，2002より）】

機能	内容
相談活動	・訓練を受けた仲間サポーターが，問題を抱えた児童生徒の相談にのる。
葛藤調停	・問題を抱えた児童生徒同士の2者関係に，仲裁と傾聴の訓練を受けた児童生徒が，手順に従って互いの話を聞き，両者が納得できる解決方法を探る支援をする。
仲間づくり（居場所の保障）	・友達でいること。その相手がいることで，学校などでの自分の居場所を実感できる状況を保障する。 ・相手の立場に立ってさりげなく必要な支援をするための感覚の育成。
（専門家の）アシスタント	・学校などの専門のスタッフ（スクールカウンセラーや教師）が児童生徒の支援をする補助的な役割。
学習支援	・仲間同士の教え合い。学校で学ぶ内容やクラブ活動などで，助け合い，学び合うことで，共に支える関係の形成や教える側の児童生徒の自己有用感向上に効果的。
（仲間としての）指導・助言	・上級生や部活動の先輩からの助言・アドバイス。
グループリーダー	・専門のスタッフに指導されて，数人ずつに分かれたグループのリーダーになったり，グループの中でのディスカッションで問題提起したりする活動。グループ活動が活性化するよう支援する。

自分と相手を守るために以下のポイントを押さえて取り組みましょう。

【ポイント】
〇自分の出来ること以上のことを引き受けない。
〇相談内容が命に関わること，いじめ，虐待，恐喝，薬物などの危険な状態にあると思われるときには，必ず先生やカウンセラーに相談する。
〇出来れば相談者と一緒に先生やカウンセラーに相談する。

❷ピア・サポート実践講座について

各ワークは，それぞれ以下の4つから構成されています。
①**講義** 教師がスキルを伝達し，子どもが学習する。
②**体験** それぞれの子どもの経験から，他の子どもと協働し作業することによって，相互作用を起こし学びをつくり出す。

③振り返り　それぞれの子どもが，自らを振り返り，何を学ばなければならないかを自身に落とし込んで学んでいく。

④ピア・サポート（以下，ピア・サポ）振り返り　①②③で学んだスキルを基礎に訓練を受けたピア・サポーターは，仲間を支援する実践を振り返る。

　上記の順番によって実施しますが，それぞれプラス面（＋）とマイナス面（－）があります。

> ＊①講義→②体験→③振り返り→④ピア・サポ振り返り
> 　　　　　　　　　　　　　　　活動例　リフレーミング
> ＋短時間に比較的大人数で初対面の子どもに有効で，最初に必要な知識をインプットするので何をすればよいかが分かる。
> －最初に講義なのでやや硬い雰囲気になり，振り返りの時間が確保されにくい。

> ＊②体験→③振り返り→①講義→④ピア・サポ振り返り
> 　　　　　　　　　　　　　　　活動例　コンプリメントシャワー
> ＋ワークをすることで自身の気づきを促し，その活動を振り返った後での講義になるので，知識として押さえられ理解することにつながる。
> －せっかくの体験での気づきが，後の講義で予定調和になり易い。

> ＊③振り返り→①講義→②体験→④ピア・サポ振り返り
> 　　　　　　　　　　　　　　　活動例　バーバルコミュニケーション
> ＋普段の生活では気づきにくい事柄を扱う場合や，子どものモチベーションが低い場合に適している。
> －比較的経験の少ない子どもは最初につまずくことがある。

Chapter2 クラス集団対応の悩みを解決する５つのアプローチ

　子どもは，学年が上がるにつれ教師の言葉より，同じ目線の友達からの一言がすっと心に入ります。しかし，それが妙に形を変えて届いてしまい，一気にその関係が壊れてしまうこともあるのです。色々なところでコミュニケーションが大切だといわれていますが，ピア・サポートも同じです。基本は適切なコミュニケーションをいかに育めるかにかかっています。

❸ピア・サポート活動の次のステージ
　ピア・サポート活動が活性化してくると，ピア・サポーターがハイリスクな友達に感情移入をしてしまい，自分の能力以上のことを引き受け窮地に陥る場合も出てくる危険性があります。従って，お互いの「命を守るお約束」をして，ピア・サポーターが，いかにハイリスクな子どもを教師につなげる力を育めるかが次のステージになってきます。

Case
1 子ども同士のコミュニケーションがぎこちない

クラスの困った場面

A先生

　小学校高学年です。この時期は表面では仲良くしているように見えて実はそうでもなく，SNSでつながったグループが存在し，クラス全体でまとまらない部分があり困ります。

B先生

　中学生です。表面上は日々そつなく過ごしているようですが，お互いを意識しすぎて波風を立てないように，まるでご近所さん付き合いをしているようで困ります。

アドバイス

　小学校高学年から思春期に入り，小学校高学年，中学生，高校生になるに従い，子ども達はますますお互いを意識するようになります。ここでは，教師側の「思春期」への理解が必要になります。子どもの思春期の特徴を理解して対応しましょう。

【思春期理解その1】友達との付き合いが変化する

　友達との付き合いが増え，親より友人の言うことが大切に思える時期です。異性への関心も高まり，異性の友人との付き合いが始まるのもこの時期です。友人との関係に非常に敏感になる時期でもあり，この時期の子ども達は「友人にどう思われているか」に日々，注意を払いながら過ごします。友人に合わせることに必死で，明るく振舞っているように見えても，子どもによっては，ヘトヘトに疲れてしまうほど気遣いをしていることもあります。

Chapter2　クラス集団対応の悩みを解決する５つのアプローチ

困った場面への対処法

❶ピア・サポート活動を導入する

　「ピア」とは（peer＝仲間），「サポート」とは（support＝支援）という意味で，ピア・サポートとは「仲間同士による支えあい」のことです。すなわち児童生徒達に他の人を思いやることを学ばせ，その思いやりを実践させる方法の１つです。

　そのために自己探求と意思決定を可能にさせるためのコミュニケーションスキルが要になります。同年代の仲間というのは，同じような態度で，同じような興味を持ち，同じような言語を話すことで，もうすでに大人のカウンセラーや教師達と比べ，有利な資質を備えているといわれています。親や教師など大人が入り込むことの出来ないところにも，同年代の仲間だからこそ入り込み，問題を解決出来ることが多いのです。それは，問題を抱えている児童生徒と同じ視点で共感したり，アドバイス出来たりすることが可能になるからです。そのために「相手に耳を傾けること」「相手を支援すること」「友人としての思いやりを示すこと」など，適切な訓練とその支援方法を教えることで，自然な支援プロセスを促進するシステムでもあるのです。

❷ピア・サポートのウォーミングアップから試してみる

　お互いを意識しながら，お互いに歩み寄れない，何となくぎこちない雰囲気の場合には，意図的なワークで全体を盛り上げることがお勧めです。親近感を得られる活動や，つい本音が出てしまい，その本音をお互いに受け止めながらの活動を繰り返すことで，お互いの心理的距離感が埋まります。

・バースデーチェーン：ジェスチャーだけで誕生日順に並んでいき，自分と誕生日が近い人を見つけることで，親しみを感じることが出来ます。
・ジャンケンバリエーション：いつもの勝つためのジャンケンではなく，クラス全体で「負けるが勝ちジャンケン」をして何人に負けられたか，次に「あいこジャンケン」をして，何人とあいこになったかを報告し合います。

Case
2 子ども同士のトラブルが解決しない

クラスの困った場面

A先生

小学校5年生です。ずっと仲良かった子ども同士なのに，突然お互いに無視状態が続いています。それぞれの子どもに追随する子ども同士のグループが出来，クラス全体でまとまらない部分があり困ります。

B先生

中学校1年生です。トラブルが起こっても我関せずで，無難にやり過ごそうとする傾向が強く，まるで自分には関係ない感を醸し出し，真剣にクラスの問題を解決出来ず，他人任せにする傾向にあります。クラスの団結力の無さに自分の指導力不足を感じています。

アドバイス

この場合も，教師側の「思春期」への理解が必要になります。子どもの思春期を理解して対応しましょう。ここでは，思春期の脳を探索しましょう。

【思春期理解その2】思春期の子どもの脳を理解する

思春期の子どもの過激な行動は「大脳辺縁系（感情）」と「前頭前皮質（判断と制御）」の2つのネットワークの間での成熟時期のずれに起因しているといわれています。前頭前皮質は，大脳辺縁系よりも遅れて成熟するので，わがままを通し，刺激を求めてトラブルになってしまうことも考えられます。性ホルモンも多量に分泌されます。気分をコントロールする脳内物質と関連し，大脳辺縁系で活発に働くため感情は不安定になりがちです。思春期の開始時期は個人差も大きいので，子ども達は一律に同じ行動をとれないのです。

Chapter2 クラス集団対応の悩みを解決する5つのアプローチ

困った場面への対処法

❶子ども達に対して「合言葉」を作りクラスの一致団結を目指す

　例えば，クラス全体で「みんなの気持ちを合わせる」を目標に取り組みます。拍子のとれたリズムだと覚えやすく，朝や授業前など，クラス全体がひとつになれる「合言葉」でスタートするのです。合言葉の号令をかける人は，日直さんでもいいですし，輪番制にしてもかまいません。以下，合言葉を作るための指示ポイントを示しておきます。

　・「言葉には言霊が宿ります。発した言葉は魂，影響を持ちます」
　・「3．3．7拍子のリズムで作りましょう」
　・「やれる，出来る，など可能性を秘めた言葉を考えましょう」
　例「出来る　出来る　みんなで一緒が　力になる」

❷「一人一人の良いところを見つける」ワークをする

　ここでは，お互いのグループでの一体感を重んじてしまうので，他のグループに属している子に対しては，あえて良い部分を見ないようにしていることが考えられます。ここでは，子ども個人に対してじっくりとその子の良い部分を見つけられるような以下のワークがお勧めです。

ここは，Aさんが，自分で名前を書いても，イラストを描いてもOK

Aさんのステキだなと思うところを書いてみよう
・Aさんは，いつも私にやさしくしてくれます。ありがとう（ゆずき）
・この前，ボクが問題を解けなくて困っていたとき，Aさんが教えてくれた（あつし）
・Aさんは，いつもニコニコしているのでステキ（あい）

Case 3 クラスメイトになかなか手を貸そうとしない子がいる

クラスの困った場面

A先生

掃除の時間にクラスの友達がゴミ箱からゴミを一人で出そうとしてゴミが散乱しました。近くで机を運び終えていた子は、それを見ても知らんぷりしています。教師が「手伝ってください。」と指示したら、仕方なく手を貸しますが、自主的に困っている友達を助けようとしません。自分から手を貸せるにはどんな手立てが必要でしょうか？

B先生

算数のプリントを解く時間のとき、「終わった人は、まだ解けていない人にヒントをあげる」と約束し黒板にも書いているにもかかわらず、自分はすでに解いて知らんぷりしている子がチラホラいます。注意すれば嫌そうな顔で席は立とうとするのですが、ヒントを与えに友達のところに行く気配はありません。自主的に友達支援が出来るようにするにはどうしたらいいですか？

アドバイス

子どもの「思春期」ゆえの行動とそれを踏まえた担任の声かけ <u>「その子どもが他児に手を貸せたときを見逃さず、具体的にほめる」</u> が重要になります。

【思春期理解その３】自分自身に関心が向き、相手のことも気になるが不安

自分について劣等感と自尊心の間で揺れ動くので、自信満々だったのに急に自信を失ったりプライドが傷ついたりします。相手が気になる一方、相手の予期しない反応への戸惑いを避けるために関わらない態度をつくります。

困った場面への対処法

❶お互いの良いところを見つけ言葉にして，ほめ合い理解し合う

　このワークでは，自分自身の良いところにも気づけます。

　例：２人でコンプリメントシャワー

　１．２人組を作り，ジャンケンしてＡさんとＢさんを決めます。

　２．Ａさんが，１つ１つＢさんをほめます（30秒間）。Ｂさんは１つ１つに対して「ありがとう」を繰り返します。

❷自分も誰かに手を貸されていることに気づかせる

　実は，自分も色々な人に支えられている実感を持てることが相手を大切にすることにつながります。

　例：してもらったこと

　１．２人組を作り，ジャンケンしてＡさんとＢさんを決めます。

　２．Ａさんが，Ｂさんに「あなたは最近誰に何をしてもらいましたか？」と質問し，Ｂさんが答えます。

　３．Ａさんは「よかったですね」に続けて，Ｂさんの答えをオウム返しします。

❸見方を変え，相手の短所を認める

　相手に手を貸さない子は，相手の悪い部分しか見えていないのかもしれません。見方を変えると，相手の短所を認めることが出来るようになります。

　例：リフレーミング

　１．２人組を作り，ジャンケンしてＡさんとＢさんを決めます。

　２．Ａさんが，Ｂさんに自分の短所（例えば，「私は陰気で困っています」）と話し，Ｂさんはリフレーミングして（「いやいや，Ａさんは，よく考えて行動する人ですよ」）と返します。リフレーミングが難しければ，Ａさんの良いところを見つけ伝えます（❶のワーク）。

　❶❷❸とも，ワークの最後は交代して活動し，感想を述べ合います。

Case 4 困ったときに声をかけられるのをひたすら待つ子がいる

クラスの困った場面

A先生

小学校5年生です。給食が終わり,ある子がテーブルを拭いていたとき残飯物をこぼしてしまいました。それに気づいた友達が「大丈夫?」と言って自分の係の仕事を中断し片付けてくれました。それにもかかわらず,その子はじっと突っ立ったままで何もせず「ありがとう」の言葉も発した形跡がありません。このままでは,次第に誰も助けてくれなくなるのでは,と不安です。

B先生

教師の質問にはきちんと答える中学校2年生女子です。しかし友達との関係性はあまりない方で,休み時間などひとり読書を好んでいます。グループ活動や係活動などの話し合い活動には参加するのですが,男子がいると,もじもじしながら自分の順番になっても誰かが答えてくれるのを待ち,時間がどんどん過ぎてしまいます。周りの子が代わりに答えたり行動したりが続いています。代わりをする他の子にストレスがたまらないか,クラス担任として悩む日々です。

アドバイス

当該児の思春期も関係しているかもしれませんが,もしかしたら,特性によるものかもしれません。その場合,当該児に対する対応が先で,どのように困っているのかをきちんと把握し,アセスメントした上での面接の必要性が出てきます。Chapter1-5の「面接」にトライしてみてください。

困った場面への対処法

❶会釈ウォークで不安を和らげる

　クラス内全体で，例えば３分間，教室内で会釈（ニッコリ）しながら歩きます。手を振ってもかまいません。挨拶を通して同じ空気を吸い，同じ活動を共にする仲間との一体感を味わわせます。相手を見る回数や，出会う回数が多くなればなるほど，相手に対する安心感が増し不安感が和らぎます。

❷上手に頼む・頼まれる活動でアサーションスキルを身につける

　相手に上手に頼んだり，相手から上手に頼まれたりするために，自分も相手も大切にした，さわやかな自己表現を身につけるための練習をします。

　例：「素敵な頼み方・断り方」を身につける

　１．２人組を作り，ジャンケンしてAさんとBさんを決めます。

　２．Aさんが，Bさんにアサーション（p.59）を意識した頼みごとをします。Bさんはアサーション（p.57）を意識した断り方をします。

　３．交代し，感想を述べ合います。

❸ピア・サポートの基本「友達への本当の支援」について話し合う

　クラスで一緒に友達支援の基本を考え，実際のサポートにつなげます。

　例：ピア・サポートについて考えよう

　１．「自分が困った人を見たとき，どのように支援しているか」について考えさせ，自分の支援が相手のニーズに合っているのか吟味します。

　２．「適切な支援」について考えます。例えば，Aさんが宿題を忘れてきたので，自分が代わりにAさんの宿題をやってあげるのは，不適切な支援です。なぜなら，Aさんには宿題が出来る力があるのに，それを無視しているからです。その場合，Aさんが宿題をし易い場所の確保は適切な支援です。

　３．ピア・サポートの基本的な考え方は，「誰もが自分で自分の問題を解決する力を持っている」なので，その力を発揮し易いように支援することです。能力以上のことは引き受けず，大人へ相談することも大切だと学びます。

4 規律正しいクラスに出来ない
コーチング

コーチングとは？

　コーチング（coaching）は，英語の"coach"からきている言葉です。"coach"の元の意味は「馬車」ですが，19世紀にはいると「指導者」という意味でも使われるようになりました。これは英国オックスフォード大学にて，学生が試験に合格するために雇う家庭教師のことを，楽な乗り物に例えて"coach"と呼んだことがきっかけといわれています。

　コーチの仕事，すなわちコーチングは，「クライエントを支援するためのコンサルテーション（相談）の一形態」（オコナー，ラゲス，2012）です。具体的には，クライエントと契約を結び，信頼関係を確立し，気づきや成長を促し，行動を方向づける活動であるとされています。

　コーチングは，自己成長の一手法として経験則ベースで発展し，ビジネスやスポーツ指導などの場面を中心に広まっていきました。当初はコーチングの背景に特定の理論があった訳ではありませんが，コーチングにおける対話やその背景にある人間観に，既存の心理学の理論やモデルを適用することが試みられるようになりました。そのため，本書のChapter2・Chapter3で紹介している他のアプローチをコーチングに適用することも可能です。例えば，Chapter3-2の「来談者中心療法」で触れている「共感」や「傾聴」は，コーチがクライエントと信頼関係を構築したり，クライエントに気づきを促したりする対話場面で活用出来るでしょう。ただしコーチングの限界として，自己の思考を省察し社会的責任を負うことが難しい幼い子どもや重大な精神的・身体的健康問題を抱えるクライエントには不適であるといわれています。

　教育現場にもコーチングの考え方が浸透しつつあります。コーチの主な仕事は，クライエントを手助けすることであり，コーチが問題を解決すること

Chapter2 クラス集団対応の悩みを解決する5つのアプローチ

ではありません。「教師が教え，児童生徒が教わる」という点で一方向的といわれる「ティーチング」に対して，コーチングでは，コーチ（教師など）がクライエント（児童生徒，別の教師など）の気づきや成長を促しながら，行動を方向づけるための働きかけ・コミュニケーションを行います。コーチは，伴走者として子ども達を支援することで，子ども達から物事を解決する力を引き出したり行動変容を促したりするよう働きかけます。その結果，個人のパフォーマンスやウェルビーイングの向上が期待出来ます。コーチングは目的を達成するための手段であり，人々が充実し満足した生活を送ることを手助けするものといえます。

目標達成を支援するコーチングのモデルに，グラハム・アレクサンダーによって最初に考え出された「GROWモデル」【図4】があります。「GROW」とは，「Goal（目標）」「Reality（現実）」「Options（選択肢）」「What Will you do もしくは Will（意志）／Way Forward（前進する）」の頭文字をとったものです。

【図4　GROWモデル：目標達成を支援するコーチングのモデル】

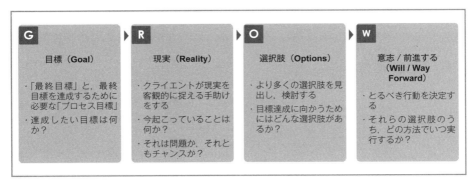

コーチがGROWフレームワークによる質問を行うことで，①クライエントの自己一致した目標構築を支援することが出来る，②コーチ自身も自己認識を一層高めることが出来る，とされています。

コーチングに必要となる基本的なスキルを高めるためには？

　コーチングに必要となる基本的なスキルは、カウンセリングなどにも共通するものが数多くあり、コーチングの流派により様々です。ただ、教育場面におけるコーチングを考えた場合、子ども達と対話をしつつ、子ども達の気持ちを引き出し、目標達成のための行動を支援することが目的となります。そのため、子ども達に対して聞くスキル、子ども達を動かすスキルが大切となります。子ども達に対して聞くスキルの1つには、「開かれた質問」というものがあります。「開かれた質問」は、相手に考えさせ、広く情報を収集出来、具体化するという目的があるためコーチングにおいて有効となります。そのため、コーチングの視点から、教師自身の子ども達に対する問いかけが、「開かれた質問」となっているか考えてみるとよいでしょう。

　例えば、「What（何）」「Why（なぜ）」「How（どのように）」などの問いかけを用いることは、子ども達の気持ちや目標を引き出すことに役立ちます。また、子ども達の行動や目標達成のための計画を具体化していくためには、「When（いつ）」「Where（どこで）」「Who（誰と）」などの問いかけを用いることが役立つといえます。ついつい教員の目から見れば、「出来ていないこと」や「もっとこうすればいいのに」ということが子どもの姿から見て取れ忠告をしてしまうことがあるのではないでしょうか。しかし、子ども達を思っての忠告は、子ども達が自分達で考えることや行動することを奪ってしまう可能性もあるものです。そのため、ぐっと我慢し、子どもが自分の気持ちに気づき、これからどうしたいのか、課題に向き合いどうすればよいか「開かれた質問」を活用することが大切です。そして、教師からの「開かれた質問」の後には、子ども達の言葉を丁寧に受け止めることも必要となります。教育場面においては、「開かれた質問」をコーチングの視点で活用し、子ども達に対して「どうすればうまくいくだろうか？」や「今出来そうなことは何？」といった問いかけが有効です。こうした問いかけは、子ども達自身が考えるきっかけづくりにもなるといえるでしょう。

Chapter2　クラス集団対応の悩みを解決する５つのアプローチ

　子ども達を動かすスキルの１つには,「目標設定と行動計画」というものがあります。目標を決める機会は,学校生活の中で数多いと思います。しかし,子ども達に対して,いきなり「あなたの目標を決めましょう」といっても,簡単に決めることは出来ないのではないでしょうか。そのため,子ども達の経験や頑張っていることを踏まえ,目標を一緒につくっていくことが大切となります。そこでは,目標設定のポイントと教師側のフィードバックが有効です。まず,子ども達の目標設定の際には,一般に以下の「SMART」と呼ばれる５つのポイントが重要になるといわれています。

【目標設定のために重要な５つのポイント】
・S（Specific）：目標は具体的なものになっているかどうか？
・M（Measurable）：目標は測定（評価）出来るものになっているかどうか？
・A（Achievable）：目標は達成可能なものになっているかどうか？
・R（Realistic）：目標は現実的なものになっているかどうか？
・T（Timebound）：目標はいつまでに達成可能か示されているかどうか？

　こうしたポイントを子ども達にも理解してもらいながら進めることが必要です。また,子ども達の目標や今後の行動は,自分で考え決めてもらうということが大切になります。しかし,行動計画のことまでを念頭におけば,「SMART」と呼ばれる５つのポイントと照らし合わせながら,子ども達と目標をすり合わせ,行動計画をつくっていくことが求められます。その際には,教師側のフィードバックが大切となってきます。一般に教育場面のコーチングでは,子ども達の目指す目標や行動計画に対して,どのような状態にあるかを客観的に第三者の視点で伝えることが,フィードバックとなります。そのため,的確なフィードバックは,子ども達それぞれの現状把握,目標設定と行動計画を立案する上で大きな原動力にもなります。そのため,忠告や命令にならないよう留意するだけでなく,子ども達が目標設定や行動計画について第三者の視点を必要としていること等を見取りながら,適切なタイミングで個別にフィードバックを行うことが重要といえるでしょう。

Case
1 意欲的なクラスにする方法が分からない

クラスの困った場面

A先生

小学校高学年です。高学年としての自覚や責任を持ち，教師から言われなくても，自分達で考え取り組めるようになって欲しいと思っています。しかし，教師がつい口を出してしまいます。自分達で意欲を持ち子どもの自主性を引き出すにはどうしたらよいのでしょうか。

B先生

中学生です。子ども達に自信をつけさせたいと思い，先回りして色々なお膳立てをしすぎていないか悩んでいます。最近，子ども達の積極性が見られず，教師の指示待ちをしているようで困っています。

アドバイス

子ども達が自信や力をつけるためには，子ども達自身の気づきや責任を持って考えてもらう経験，自分でやって出来たという実感が大切です。そのため，教師側の「コーチング」への理解が必要になるのですが，ここでは，目標を明確化し実施する上で重要となる「自己効力感」を理解しましょう。

【コーチング理解その１】目標達成のために必要な行動を出来るかどうか

自己効力感とは，一般にある結果を見出すために必要な行動を出来ると信じている確信の程度とされています。すなわち，自分なら出来るという感覚です。そのため，自己効力感が低ければ，目標設定が出来ず，設定しても行動をとることが出来ない場合があります。そのため，子どもの自己効力感に目を配り，子どもの考えを承認し良いところを認め伸ばす心がけが大切です。

困った場面への対処法

❶「バックキャスティング思考」に基づき学びに取り組んでもらう

「バックキャスティング思考」は，未来の理想の状態から逆算して今やるべきことを見出すコーチングで活用される考え方です。そのため，学校での教育活動の中から可能な時間を利用し，子ども達自身に目指す理想の状態を考えてもらい，そこから逆算して目標や自分に必要となる学びを考え行動してもらいます。このことは意欲や自主性を引き出す上で有効となります。勿論，目指す理想の状態，目標や自分に必要となる学びは，子ども自身から語られ自己決定してもらう必要があります。なお，子どもを尊重し，子どもの話している言葉の意味や心情までを理解しようと聴く傾聴スキルが教師だけでなく，クラス内の子ども達にも求められます。そのため，以下のルールに基づき，「最近自分の頑張っていること」等をクラス内のペア活動として聴くワークを実施してもよいかもしれません。

・「話を途中でさえぎったり，否定したりしない」
・「適切なアイコンタクト，うなずきをたくさんうつこと」

❷「承認グループ」ワークに取り組んでもらう

子ども達が，自ら積極的に取り組んだことや自信を育むためには，周りから結果だけでなく，プロセスや存在そのものを認められることが重要です。そのため，以下のような「承認グループ」ワークを行うことがお勧めです。

・「こんなほめ言葉を言われると嬉しい」と思う言葉を紙に5～10個書いてもらう。
・ほめられる人（1名）は，言葉を書いた紙を見えるように掲げる。
・ほめる人（グループのその他の人）は，書かれた言葉を使って1分間ほめまくる。
・ほめ終わったら，ほめられた人はどんな気持ちになったか感想を伝える。
・時間が許す限り，交代して上記の手順を繰り返す。

Case
2 クラスの問題解決力が低い

クラスの困った場面

A先生

　小学校です。子ども達が日常もめごとを起こしたとき、相手を批判するような言い方や最後まで話を聞けずトラブルが大きくなったりします。また、子ども達の嬉しいことや嫌なことが共有されず、クラス全体でまとまらない部分があり困っています。

B先生

　中学校です。担任を務めるクラスの子ども達は、皆やる気はあるのですが、学校行事やクラスで課題があった際、毎回なぜか空回りして課題解決が出来ません。そのため、子ども達は自信を持てず、団結力も高まらず、自分の指導力不足を感じています。

アドバイス

　この場合は、教師側の「コーチング」への理解だけでなく、子ども達が課題を解決するための練習する場を設けて学んでもらう必要があります。ここでは、コーチングの「聞くスキル」と「動かすスキル」を理解しましょう。

【コーチング理解その2】コーチングの基本的なスキルを理解する

　コーチングの基本的なスキルは、流派により様々ですが、機能的な観点で「聞くスキル」と「動かすスキル」に区分されることがあります。「聞くスキル」はカウンセリングスキルと共通したものが多いのに対し、「動かすスキル」は行動志向的なものが多く、前に進められないものを取り除くにはどうすればよいか、前に進めるために何が出来るかを具体化するものです。

Chapter2 クラス集団対応の悩みを解決する5つのアプローチ

困った場面への対処法

❶「ハートビーイング」ワークを行う

　クラス全体で「嬉しいこと」や「嫌なこと」を理解し，クラスのルール設定や目標を考える場合，以下のような順番で実施するワークが考えられます。
・クラス全員それぞれに白紙を配る。
・白紙の真ん中に，紙の半分程度の大きさのハートを描く。
・各自「されたり，言われたりすると嬉しいこと」をハートの内側に書く。
・各自「されたり，言われたりすると嫌なこと」をハートの外側に書く。
・書き終わったら，順番にその内容を発表する。
・発表後に大きめの白紙に対して，各自の発表内容を踏まえ，クラス全員の「嬉しいこと」をハートの内側，「嫌なこと」をハートの外側に書く。
・ハートの内側に書かれたことを日常的に行うルールとする。

❷「理想のクラスに近づこう」ワークをする

　例えば，以下のようなワークシートを活用し，期間を設定し，課題を踏まえ，理想のクラスに近づくために何が必要か自ら考え行動してもらいます。授業，休み時間，ホームルーム活動等の目標設定を具体化し，することを4W1Hに気をつけ記述し交流を行います。期間後には振り返りも実施します。

理想のクラスに近づくために，「　　　　」までの学校生活で，どんなときに何をしたいですか？		
こんなことが出来るようになりたい （具体的に記述しよう）	そのためにすること （いつ，どこで，誰と，何を，どのくらい）	振り返り （自己評価を行おう）
（授業中）	➡	
（休み時間中）	➡	
（ホームルーム活動）	➡	

Case 3 将来の夢が持てず、クラスの中で浮いている子がいる

クラスの困った場面

A先生

小学校6年生です。卒業を前に将来の夢や希望を持てず、何にも興味を持てないと無気力になり、これからのことを考えたくないと悲観的になってクラスの中で浮いている子がいます。興味や関心から視野を広げ、前向きになってもらうためにはどうしたらいいでしょうか？

B先生

中学校3年生です。自分の学力に自信が持てず、自分は何に向いているのかが分からず志望校や進路に悩んでいる子がチラホラいます。進路についての軸や芯を定めてあげたいのですが、生徒自身の良さや考えを尊重しキャリア支援をするにはどうしたらいいですか？

アドバイス

　子どものキャリア支援には、「教師側の自分はこうしてきた、こうすれば良い選択が出来るはずだ」という思い込みを手放すことが大切です。そのため、キャリア支援では教師側のあり方が非常に重要になります。教師側のあり方を助けるキャリア支援でのコーチングの特徴を理解し対応しましょう。

【コーチング理解その3】思い込みを手放し考える場と機会を提供

　キャリアやキャリア支援に正しい答えを求めず、「私の場合は…」という経験を語らないよう心がけることが大切です。教師は、平常心を保ちながら、子どもが自分の良さや次にしたいことを気づけるよう話を聴き、子どもが自ら考えることが出来る安全な場と機会を提供することが求められます。

困った場面への対処法

○ GROW モデルに基づくキャリア支援のための５つのコーチングワーク

　このワークは，５つのワークを順番に実施する，あるいは子どもの実態に応じ，各ワークを必要に応じて活用することも出来ます。また，ペアワークやグループワークで活用し，クラス集団の向上にも活用出来ます。

❶自分の目標を見つける

　例えば，あなた自身がどのような姿を目指したいのか，いつ頃までにそれを実施したいのかを考え，自分の目標に気づいてもらいます。ここでのポイントは，子どもが自分自身で考え，目標を具体的に設定することになります。

❷自分の現実を把握する

　例えば，あなたが今困っていることは何であるのか，今出来ていることはどのくらい出来ていると思うかを考えてもらいます。ここでのポイントは，目標と現実のギャップが課題であることを把握してもらうことになります。

❸自分のリソースを発見する

　例えば，どんな小さなことでも自分の得意なことや出来ることは何か，相談出来る人にどういう人がいるかを考えてもらいます。ここでのポイントは，自分が普段気づけていなかった情報に気づいてもらうことになります。

❹選択肢を考える

　例えば，目標達成をするためにどうしたらいいか，どんなことが出来ればよいかを自由な発想で出来るだけ多く考えてもらいます。ここでのポイントは，固定観念を打ち破り，様々な可能性に気づいてもらうことになります。

❺目標達成のための具体的な行動計画づくり

　例えば，まず何から始めてみるか，いつまでに出来そうか等を具体化しつつ，これから具体的に何をするか行動に重きを置いて考えてもらいます。ここでのポイントは，自分の気づきを活かし，自分で決めたことで自分が前に進める感覚を持ってもらうことになります。

5 クラスの環境が良くない・子どもの自発性が低い

【ナッジ】

ナッジとは？

　ナッジ（nudge）の本来の意味は，「注意を引くために，ひじで軽くつつく」ですが，これが転じて，「選択の余地を残しながらも，より良い方向に誘導する」ことを指すようになりました。ナッジの提唱者である行動経済学者のリチャード・セイラー氏と法学者のキャス・サンスティーン氏は，「ナッジとは，選択を禁じることも，経済的なインセンティブを大きく変えることもなく，人々の行動を予測可能な形で変える選択アーキテクチャーのあらゆる要素」と定義しています。つまりナッジとは，強制的なものではなく，望ましい方向への軽い一突きの誘導を指します。

【ナッジのポイント】
○行動経済学的手段を用いて，選択の自由を確保しながら，金銭的なインセンティブを用いないで，行動変容を引き起こすこと。
○人々の行動をより良いものにするように誘導するもの。
○ナッジは，命令（規制・強制するもの）ではない。
○人々が選択する際の環境（＝選択アーキテクチャー）をデザインし，それにより「行動」もデザインする。

学校・教室環境でナッジを再発見・活用する

　学校のトイレのスリッパが散らかっているのを何とかしたい，児童生徒の忘れ物を出来るだけ減らしたいといったことはありませんか。そういった場

合に，適切なナッジを設計・実践することで，児童生徒の行動を良い方向に変容させ課題解決を図ることが出来ます。イギリスのナッジ設計部門 BIT (Behavioural Insights Team) は，ナッジの実践に有用な EAST というフレームワークを提案しています。以下に，学校や教室環境において活用出来そうなナッジの例をいくつかご紹介します。

【表1　学校や教室環境のナッジ例：EAST】

E：Make it Easy（簡潔・簡単に）	・【目標達成を促す】実現可能なシンプルな目標をたてたり，児童生徒にたてさせたりする。 ・【プロセスを簡略化する】方法を簡単にする。例えば，宿題は提出物用のかごに入れることを決めておくと，提出物用かごを置くだけで提出物を集めることが出来る。
A：Make it Attractive（注意を引きつけ，魅力的・印象的に）	・【トイレのスリッパが散乱せず，いつも整頓された状態にする】トイレの床に枠線を描くことで，枠内にスリッパが並んだ状態になる。 ・【ロッカー内の整理整頓を促す】整理整頓された写真を掲示する。 ・【廊下の往来でぶつからないようにする】廊下の真ん中に白線を引き，右側通行（もしくは左側通行）とする。
S：Make it Social（社会的に）	・【社会的規範の提示】教師が掃除を始めることで，児童生徒も自主的に掃除にとりかかる。 ・【望ましい行動を促すネットワーク形成】お互いに助け合うことの出来る環境をつくる。 ・【周囲への公言】目標などをみんなの前で宣言する。
T：Make it Timely（受け入れられやすい適切なタイミングで）	・【忘れ物を防ぐ】直前にリマインドする。 ・【将来の目標・出来ごとに対応する】事前に計画をたてさせる。 ・【想定される障壁の回避を計画する】宿題や勉強に集中しなければならないときには，集中を邪魔するもの・ことを出来るだけ避けるように計画をたてさせる。

　ナッジを導入・適用する際には，どのような行動を対象として，どのような行動変容を促すのかをしっかり把握し，実現可能な介入方法を考えます。また効果があったかどうか評価することも重要です。

> Case
> # 1 机の周りや床にゴミが落ちていても気づかない子が多い

クラスの困った場面

A先生

　小学校です。休み時間，ゴミ箱の上にゴミがあふれています。授業中にゴミ箱めがけて紙ゴミを投げ入れようとして，ゴミが散乱しているのです。自分の机の周りに教科書を落としたままで，消しカスや，折れたサシ，鉛筆，紙くずが落ちていても，全く気にならないようです。注意はしても一向に改善には至りません。

B先生

　中学校です。クラス全体でゴミが散乱しています。給食後，一斉清掃はしているのですが，すぐに消しカスや鉛筆のけずりカスなどポロポロと床に落ちています。計算用に配付した紙も落としたままです。気づいていても全く捨てようとしないので困っています。

アドバイス

　クラスの環境が良くならないと，子ども達自身も落ち着くことが出来ません。特に学習環境が整っていないと学習に身が入りませんね。教師は色々と注意しますが，あまり改善しないものです。それに注意ばかりしていると，子ども達はその注意に慣れてしまい，注意をする教師の声は，いつの間にかBGMのようになってしまい，注意し続ける教師も疲れ果てます。

　まずは，ゴミの量を減らすことが重要です。ゴミ箱に投げ入れている紙くず，折れたサシ，鉛筆，計算用に配った紙は「資源」です。子ども達に資源ゴミの認識はあるのでしょうか。

困った場面への対処法

○「ゴミは本当にゴミなのか」について考える

1．机の周りやゴミ箱の周りに散乱しているもの，ゴミ箱の中に捨てられているものは，ゴミなのかについて考える機会が必要です。

2．捨てられたもの（ゴミ）の気持ちになって，捨てられたもの（ゴミ）の一生についてクラス全体で考えてみます。例えば，短くなった鉛筆が捨てられていたら，その鉛筆を買ったとき，どんな気持ちだったのかについて考えることで，使ってきた鉛筆に感謝の気持ちが生まれ，簡単に捨てるのは申し訳なく思う気持ちが芽生えます。

ゴミを捨てたときの自分の気持ちはどうだったのか，また反対に捨てられたもの（ゴミ）の気持ちになって，ものの一生を考える時間をとり，クラスで話し合い，「3R：Reduce（リデュース）：Reuse（リユース）：Recycle（リサイクル）」について考えさせます。

捨てられたもの（ゴミ）	捨てたときの自分の気持ち	捨てられたもの（ゴミ）の気持ち	ゴミの分別
鉛筆 消しゴム	短く，小さくなったから使えない	まだ工夫して出来たら使ってもらいたい	リデュース
ナイロン袋	役目を果たせた	役目が果たせて本望	リサイクル
紙くず	使えない	仕方ない	リサイクル
計算用紙	面倒くさい	まだまだ使える	リユース
折れたサシ	使えない	工夫次第で使える	リユース

3．表を完成させたら，ゴミの分別の欄を見て，実際にゴミを分別します。クラス全体で定期的に実施することで，ものを大切にすることに気づき，ゴミを減らすことにつながります。そしてゴミを減らすルール（例：「ゴミではないもの集め週間」＝リユース，リサイクル出来るものを別の箱に保存し使い道を考えるなど）を作成し，掲示板に掲げておきます。

Case 2 整理整頓が出来ない子が多い

クラスの困った場面

A先生

小学校5年生です。授業開始後，席を立ち自分のノートを取りに行く子どもや，文房具を取りに行く子ども，その間，平気で大きな声で会話する子どもなど，常にクラスが落ち着きません。教室のロッカーもモノが散乱しています。時々一緒に片付けたり，注意はしているのですが，なかなか上手に片付けられません。

B先生

小学校3年生です。机の中がぐちゃぐちゃな子が多く，授業で使う文房具やプリントなど，すぐに取り出せず探すので，授業開始に時間を要します。学校から自宅に持って帰るもの，持って来るものとの区別がつかず，常にかばんはパンパンな状態でただ運んでいるだけのように見えます。どのように指示したらいいのでしょうか？

アドバイス

まず，当該児に「ものにはそれぞれ住所がある」ことを教え，子どもにとって整理し易い方法を一緒に考えることが大切です。また「ちゃんと片付けなさい」「早く出しなさい」と言っても，何をどのように片付けたらよいのか，何を出せばいいのか分かっていない場合があります。

「教科書を片付けなさい」ではなく「○○の教科書を自分のロッカーの上に置きます」など具体的な指示が大切で，子どもがその指示に従い所定の場所に置けたら，すかさずほめることを繰り返し，定着を目指します。

Chapter2　クラス集団対応の悩みを解決する5つのアプローチ

困った場面への対処法

❶道具箱やロッカーに置くものをイラストで示す

　道具箱やロッカーに置くものを予めイラストで示し，その上にものを置かせる工夫をする必要があります。そして教師は定期的に見まわり，出来ていたらほめることが子どもの良い行動を継続させることにつながります。

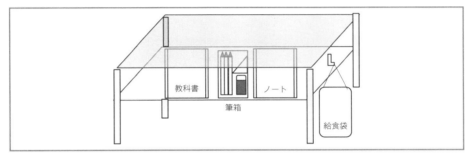

❷ランドセルやかばんの裏を利用し，必要なものをチェックさせる

　必要なものと必要でないものの区別が出来ないのかもしれません。また全部持ち運ばないと不安なのかもしれません。教師がいくら口頭で説明しても，次の日には忘れていることも考えられます。ランドセルの裏に「忘れ物チェック」項目などのプリントを貼り付けて，家の人と一緒にチェックしてもらうこともお勧めです。

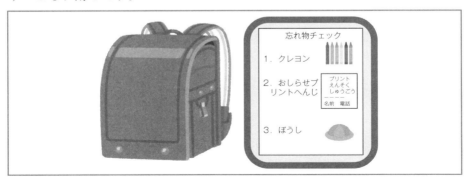

Case 3 当番や掃除をさぼる子が多い

クラスの困った場面

A先生

　小学校4年生です。給食当番や掃除当番のとき，大きな声でふざけてばかりできちんと掃除に取り組みません。掃除をしたはずのトイレのスリッパも散乱しています。見つけて何度注意しても，「〇〇さんもさぼっているのに」と自分のことを棚にあげて文句を言います。どのように指導したらいいのか悩んでいます。

B先生

　中学生です。部活動を理由に掃除をさぼる子がいて困ります。教師が目を光らせていると，少しは取り組むのですが，目を離したすきにいなくなってしまいます。部活動に熱心なことはいいのですが，クラスの規律である掃除をさぼる行為は許せません。上手に掃除に取り組ませる方法はないでしょうか？

アドバイス

　授業以外の休み時間や給食の時間，掃除の時間は，子どもにとってはオフの時間になってしまい，リラックスしてしまうのかもしれません。掃除の時間に遅れて持ち場についたり，トイレでさぼったり，掃除をしてもゴミを片付けていなかったりと，教師は頭を抱えてしまいます。「注意される」・「注意する」というお互いにあまり良い気持ちでない関係を，ナッジの考え方で誘導することで，注意しなくても守られている状態が出来れば，教師にとっても子どもにとっても win-win の関係になるのではないでしょうか。

Chapter2　クラス集団対応の悩みを解決する５つのアプローチ

困った場面への対処法

❶トイレのスリッパの並べ方はマークで示す

　日頃から，トイレを使った後のスリッパが散乱しないような工夫「ポスター掲示」などをしていれば，掃除をする子ども達もきちんと取り組もうと思えるのではないでしょうか。また，ふざけている子は自分の声の大きさを認識出来ていない可能性もあります。何度も「静かにしなさい」と注意するより「声のものさし」を使って具体的に示す方がよく分かります。

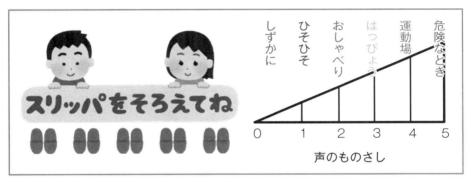

❷目に見えるごほうびを作成し掲示する

　低学年では，「○○賞」「出来たねシール」「はなまるシール」「○×△印」など，学校現場で何気なくナッジを用いていることが多いと思います。さらに応用していくことで，教師が口頭で望ましい行動を指示しなくても，子ども自らが選択して行動出来ることにつながります。

❸教師がイエロー（注意）カード，レッド（警告）カードを提示する

　掃除をさぼろうとしている子どもには，口頭注意を止めて，イエローカードを提示し，３回目にはレッドカードを提示して警告する，などの工夫も必要です。学校現場でナッジを活用すれば，教師が大声を出して指導をしたり，何度も言って聞かせたりする必要がなく，教師が子どもにほめる機会や感謝を伝える機会が増え，クラスの成長が期待出来ます。

Chapter 3

個別対応のための
4つのアプローチ

1 教師自身や子ども自身の悩みを解決出来ない

ブリーフセラピー

ブリーフセラピーとは？

　ブリーフセラピーとは，「問題の原因を個人病理に求めるのではなく，コミュニケーション（相互作用）の変化を促して問題を解決・解消していこうとする心理療法」（日本ブリーフセラピー協会，2021）です。「原因が何か」ではなく，「今ここで何が起きているのか」（相互作用）を重要視しており，解決志向のアプローチとしてよく知られています。例えば，「なぜ問題が起こってしまったのか」「何が悪かったのか」といった問題志向の会話（プロブレム・トーク）よりも，「問題解決のために出来そうなことはあるか」「すでに出来ていること・持っているものは何か」といった解決志向の会話（ソリューション・トーク）を行います。ブリーフセラピーの考え方は，過去は変えられないのだから未来に集中すべきであるという点で，未来志向的ともいえます。

　ブリーフセラピーの「ブリーフ（brief）」とは，「簡単な」「簡潔な」という意味です。これは，ブリーフセラピーが短期的な治療・カウンセリングの技法であることを強調しています。それまでのカウンセリングや心理療法では，クライエントの過去や状況を出来るだけ深く掘り下げることが行われており，時間がかかる上に治療効果も疑わしいことが問題視されていました。ブリーフセラピーといっても，すべての問題を素早く早期に解決出来るとは限りません。時間がかかる場合もあるかもしれません。しかし，この後に紹介する「コンプリメント」「リソース探し」「例外探し」「ミラクル・クエスチョン」「スケーリング・クエスチョン」といったブリーフセラピーの中核的要素・技法は，学校や学級での様々な悩みを解決するヒントに富んでいます。

Chapter3　個別対応のための４つのアプローチ

❶コンプリメント
　クライエント（教師や児童生徒）がすでに出来ていることやうまくいっていることを確認したり，問題がどのくらい難しいことかを認めたりすることで，クライエントをほめたり励ましたり（コンプリメント）します。

❷リソース探し
　クライエントのもつ強みやうまくいっていることなど，リソース（資質・資源）が見つかるよう，コミュニケーションをとります。例えば，児童生徒の場合，友人・家族・教師からのサポート，目的や将来の夢・見通し，問題解決のためのスキル，自己効力感などがリソースとして考えられます。

❸例外探し
　ほとんどの問題や困難な状況には，例外，すなわちその問題が起こるかもしれなかったけれど起こらなかった場合があるといわれています。問題の中で，例外的にうまくいっていること・すでに解決していることを見出し，いつもとは違うどんな思考・行動をとったのかなどを明らかにすることで，解決策を探ります。

❹ミラクル・クエスチョン
　何か素敵なこと（ミラクル）が起こり問題が解決したとしたら，今と違うどんなことが起こっているかという未来について尋ねます。そのことを通して，問題を解決・解消するための達成可能なゴールを設定するサポートをします。

❺スケーリング・クエスチョン
　感情（怒り，不安，喜び，悲しみなど）や気分，ストレスなどの状態を数値化します。数値化することで，何が不安を起こしたり落ち着かせたりするのかなどを把握することが出来ます。また問題やゴールに対して，どの位置にいるかを把握したり，問題の大きさを言葉以外で表現したり，どんなときに問題が解決に向かっているのかを把握し易くなったりします。

　また，「リフレーミング」や「タイムマシン・クエスチョン」もヒントに

なります。

❻リフレーミング

　物事や出来ごと，状況などの枠組み（フレーム）を変えることで，別の視点を獲得する方法です。私達が「コップに入った半分の水」を見て「まだ半分ある」と思うか「もう半分しかない」と思うかという視点で見る，同じコップの水の量でも感じ方が異なります。このように物事の枠組みを変えてみると違った世界が広がりネガティブなこともポジティブに感じられるようになります。

❼タイムマシン・クエスチョン

　「タイムマシンに乗って，○○年後のある日に飛んで行ったとしたら，あなたは何をしていると思う？」と尋ねます。「どうなっているべきか」とか「どうなっていたいか」というのではなくて，「タイムマシンからビデオで撮っているとしたら，このモニターにどんな光景が映し出されるだろうか」と質問したり「どんな音や匂いに気づくのか」「どこで何をしているか」「どんな格好をしているか」「周りには何が見えるか」など，自分の未来の姿をイメージさせます。ずっと先の未来の自分への変化や成長の可能性が広がることになるので，現在の自分の悩みから少し解放されるかもしれません。

○ブリーフセラピーを実施した教員の感想

【良かった点】

＊ブリーフセラピーを取り入れると教師の精神的負担が軽減されると思う。教師は生徒の足りていないところに目が向き，それを何とかしようと指導するが，そうすると教師も生徒も疲弊する。出来ているところに目を向け，例外探しを中心にしていくことは教師自身の悩みの解決の糸口になるのではないかと思った。

＊性格，行動など，解決の「リソース」とみなし，解決しようとする独特なアプローチだと思う。本人の「資源」から「変化」になるポイントを見つけ出し，小さな行動の変化による心の転換を生み出し，変化の連続を大きくす

ることが可能で，その「自然」な変化を起こすことで，容易く習慣化し定着出来ると思う。
＊児童生徒や保護者が「出来ないこと」の原因を責められるという感覚になることなく，「出来ること」に焦点を当て前向きに取り組むことが出来るので，不登校予防や生徒指導，保護者対応等，学級経営における様々な場面で活用することが出来ると感じた。
＊ブリーフセラピーは，リソースに着目して物事を考え見ていくため，普段見落としていたことに気づくことが出来，相談者自らがリソースを自覚し，活用することを支援する。アプローチを変えることで短期に効果が出るので，ポジティブ思考が育成され，より良い人間関係が築けるようになってくるのではないだろうか。
【注意するべき点】
＊発達症を有する子どもについては，ミラクル・クエスチョンやタイムマシン・クエスチョンなど，なかなか想像出来ないことが多く，混乱してしまう場合があるので，コンプリメントや例外探しなど，現実に即したもので分かり易いものを活用する方がうまくいくのではないだろうか。
＊自殺念慮や自殺企図を持っている子どもには，自分の未来を想像するタイムマシン・クエスチョンは難しく，「10年後にあなたは何をしていますか？何が見える？」の質問に「お墓が見えて，その中にいると思う」との回答が返ってきて，何も返せなかった。突拍子もない答えを返されたときの教師の反応にも気をつけておきたい。

　以上のように，ブリーフセラピーには様々な技法がありますが，子どもの反応も様々ですので，それに留意した関わりが求められます。

Case
1 不登校傾向にある子どもに関する悩み，課題を
どのように把握し解決したらいいのか分からない

子どもの困った場面

A先生

小学生です。不登校傾向の子どもがいるのですが，学校に来れない原因が分かりません。保護者も本人も原因が思い当たらないようです。家庭訪問をすると会ってくれますし，登校したら割と元気な様子も見せているので，どう対応したらいいのか分からず困っています。

B先生

中学生です。教師に不信感があるのか，なかなかついてくれず，教師からの問いかけには何とか答えてくれますが，すぐに黙ってしまい，その次の日は決まって休んでしまいます。思い当たる原因がなく，どのように接したらいいのか試行錯誤しています。

アドバイス

不登校の原因は様々で，原因の特定はなかなか難しいと思います。ここでは，「なぜ」という過去に目を向け原因を追及するのではなく，未来に焦点を絞り，問題解決のために前向きな質問を通して改善につなげる方法ブリーフセラピーを取り入れます。例えば，A先生の場合は，原因追及を止め，その代わりに**「例外探し」**をしてみます。

教　師「学校に行けた日は，どんな感じがした？」
子ども「楽しい」
教　師「学校に行けた日は，行けなかった日と何が違う？」
子ども「朝，起きたときの感じが違う」（例外）

Chapter3　個別対応のための4つのアプローチ

　＊ここでは，朝，起きたときの感じの違いが，登校出来るか否かに関わる可能性が高いので，そこから話を広げていきます。教師は子どもの足りていないところに目を向けがちで，それを何とかしようと指導しますが，そうすると教師も子どもも疲弊します。子どもの出来ているところに目を向け，例外探しをポイントにすることが教師自身の悩みの解決の糸口になるのです。

　B先生の場合では，原因追及を止め，その代わりに「リソース探し」をしてみます。

　教師自身で自問「子どもがなついてくれるときは，どんなときなのか？」
　教師自身の答え「友達と一緒のとき」
　教師自身で自問「黙っても，休まなかったときは，何があったのか？」
　教師自身の答え「学校行事」

　＊この子は「友達と一緒」「学校行事」が登校出来るリソースになっていることが分かります。そのリソースをどのように活用出来るかを考えます。

　環境，性格，行動などは，解決の「リソース」になります。子ども自身も普段見落としていたことに気づくことが出来るので，子ども自らがリソースを自覚し活用することを支援します。そのために，教師は，子どもの小さな行動の変化に気づかせ，変化の連続を促進します。それが習慣化につながります。教師がアプローチを変えることで短期に効果が出るので，子どもにもポジティブ思考が育成され，より良い人間関係が築けることも期待出来ます。

　では，**主訴：「学校に行きたいけど，教室が怖いんだ！」**という子どもに対するブリーフセラピーを活用した質問を見てみましょう。

例外探し	リソース探し	リフレーミング	スケーリング・クエスチョン	ミラクル・クエスチョン	タイムマシン・クエスチョン
教室に入れるときと入れないときは何が違うの？	教室以外で入れるお部屋はある？	教室に入れなくても学校に行けるので十分だよ。	教室に入れないときが0点だとしたら，教室に入れたら何点？	もし教室が怖くなくなって入れたら，誰が最初に気づくと思う？	10年後の自分が，今教室が怖くて入れない自分に何か言ってあげるとしたら，何て言う？
これまで教室に入れたときはどんなとき？教室が怖くないときはどんなとき？	登校して楽しいことはどんなこと？教室に何があれば入れるかな？		教室に入れないときが0点だとしたら，2点のときはどんなとき？	もし教室が怖くなくなって入れたら，何が変わったと思う？	

Case 2 不登校の子どもの保護者対応に苦手感がある

子ども・保護者の困った場面

A先生

　小学校2年生です。登校渋りで困っています。母親が送迎していますが，毎朝，母親から離れず，泣きじゃくることが多く，登校しても何度もすぐ下校しました。自宅に帰ると，ケロリと機嫌よく過ごしているようです。「明日は頑張って学校に行く」と約束しても，朝になると決まって登校出来なくなり，最近ではお腹も痛くなってトイレにこもるようになってしまい対応に困っています。

B先生

　中学生です。不登校にある子どもの保護者とほぼ毎日連絡をとり，数日おきに家庭訪問もしています。子どもは，教師である私に会ってくれるときと，会ってくれないときがあります。保護者も子どもへの対応が分からなくて困っています。私自身も，子どもの不登校が長引くと気持ちが萎えてしまいますし，対応もマンネリ化してしまい，この先，解決案がなく不安で仕方がありません。

アドバイス

　まず，A先生の場合，子どもの不安が原因なのか，母親の不安が原因なのかを見定める必要があります。**子どもの不安が原因の場合**は，自分が学校に行っている間に何か恐ろしいことが起こって，母親が入院したり，失踪したり，離婚していなくなってしまうのではないか，などという恐れが根底にある場合があります。このような分離不安は，子どもが完全欲的あるいは拒否

Chapter3　個別対応のための4つのアプローチ

的な母親にとりすがろうとすることからも生まれます。**母親の不安が原因の場合**，母親の子どもへのすがりつきから起こることもあります。母親は「子どもが自分から離れない」という言葉とは裏腹に，子どもが自分にすがりつくことに満足している場合が多く，子ども側の分離不安を助長するような言動で，無意識的に子どもの自立を阻んでいることもあります。母親が安全基地としての機能を十分に発揮出来れば，子どもの不安は吸収され安定していきます。しかし分離不安が過度に重く，母親が上手に子どもの不安を受け止められない場合，母親自身への援助が必要になります。その場合は，スクールカウンセラーへの相談が功を奏すかもしれません。

　B先生の場合，毎日不登校にある子どもの保護者と連絡をとり，子どものことを一生懸命に考えて対応していますが，なかなか不登校が改善せず，精神的にもしんどくなってしまったようです。まず，家庭訪問で子どもが教師に会ってくれたとき，どんな言葉かけをしているでしょうか。子どもの行き渋りのサインの裏側にある子どもの気持ちを捉える努力を怠らないことは言うまでもありません。しかし，教師の言葉を見直してみると，意外と，以下のように，子どもの気持ちとズレていることが多いので注意が必要です。

教師の言葉	教師の言葉をもらった子どもの気持ち
「学校に来られない理由は何？」	「それが分からないから，困っているんだ」
「明日は，来て欲しいな」	「明日なんて，そんなに急がないで欲しい」
「来られるときには来てね」	「しんどいのに，学校に行かなければダメなんだ」
「1週間に1日でいいから来てね」	「1週間に1日も登校しなければならないんだ」
「勉強が遅れてしまうよ」	「先生は，勉強しか興味なくて，勉強が1番なんだ」
「みんなが待っているんだよ」	「誰が待っているって？　誰も待ってなんかないのに」
「休み癖がつくといけないからね」	「先生は，休むことがもう癖になってると思ってるんだ」
「お母さんも心配しているよ」	「お母さんは関係ないのに。お母さんとグルなんだ」

　心のエネルギーが少なくなった子どもは，すべて否定的に捉えるので，教師の何気ない言葉に過敏に反応し，心を開かなくなってしまうようです。

Case
3 過去の失敗ばかり引きずり，前に進めない子がいる

子ども・保護者の困った場面

A先生

　小学生です。保護者の話によるとトラウマがあるようで，登校出来ないとのことです。保護者は「みんなの前で叱られたことがあり学校に行くとフラッシュバックする」から無理に登校させたくないと言います。しかし，このまま家でゲームに没頭しているのも不安だと相談されますが，どのように対応したらいいのか悩みます。

B先生

　中学校3年生です。小学校の頃から不登校傾向でそのまま中学生になりました。幼少期からASD傾向を指摘されており，友達とのコミュニケーションや対人関係が苦手で，急な予定変更や大きな音でパニックを起こすので対応が難しい状況です。さらに偏食で給食が摂れないこともあり，現在不登校中です。保護者も高校進学を控え不安を訴え困っていますが，手の施しようがありません。

アドバイス

　自閉スペクトラム症（ASD）は，「人との関わり方・コミュニケーションの特徴」「想像力（切り替え・応用力が苦手）の特徴」「感覚のかたよりの特徴」が主で，複数の障害が重なって出現することもありますし，障害の程度や年齢・発達段階，生活環境・養育環境などにより症状は異なります。そのため，一人一人の特性を理解し支援することが求められますが，その支援が十分でない場合，軽度の社会的回避・強迫症状，気分の落ち込み，軽度な反

Chapter3　個別対応のための４つのアプローチ

抗・反社会的行動化が見られます。二次障害はきわめて深刻な水準のものを除けば、その大半は発達障害の子どもが与えられた環境と渡り合いながら、精一杯育ってきた過程で負った向こう傷の跡を意味しているともいわれています。子育ての難しい子どもを育むために、精一杯関わった保護者や学校の奮闘の跡であるという側面も持つことから、二次障害は、発達障害のかなり一般的な側面の１つであり、二次障害を認知することで、環境と子どもの相互作用に調整および修正の必要があることを関係者の間で意識化することが出来るともいわれています。教師一人での対応では、ますます状況悪化につながりますから、スクールカウンセラー、スクールソーシャルワーカーを含む学校内外のチーム支援が必要になります。

ここでは、主訴：「**子どもが、登校せずにずっと部屋に閉じこもっています。いつまでこんな状態が続くかと思うと不安でたまりません。**」という保護者（母親）へのブリーフセラピーを活用した質問を想定してみましょう。

▓▓▓▓▓ 部分は、保護者（母親）自身への質問です。

例外探し	リソース探し	リフレーミング	スケーリング・クエスチョン	ミラクル・クエスチョン	タイムマシン・クエスチョン
お子さんが、部屋から出てくるときはどんなときですか？	部屋以外でお子さんが、くつろげる場所はありますか？	部屋で色々と考えたり哲学をしていると思う。	お子さんが、部屋に閉じこもっているときが０点だとしたら、２点のときはどんなときですか？	もしお子さんが、部屋から出て登校したら、何が変わっていると思いますか？	10年後のお子さんが、今の自分に何か言ってあげるとしたら、何と言うと思いますか？
お母さんが、少しでも子どもの状態がマシだと思うときはどんなときですか？	お母さんが、不安にならないために出来ることは何かありますか？	人生は長いのだから、休みがあってもいいと思う。	お母さんのとても不安なときを10点だとしたら、今は何点ですか？	もしお母さんの不安がなくなったら、誰が１番に気づくと思いますか？	10年後の自分が、今不安で仕方がない自分に何か言ってあげるとしたら、何とアドバイスしますか？
お母さんが、不安にならないときはどんなときですか？	お子さんが、部屋に閉じこもっていると、声かけなど密かに工夫をしていることは何ですか？	子どもは子ども、自分は自分、自分にも少し気遣いをしよう。			

さらに、保護者の不安が、どうしても解決出来ないときは、問題を切り離して自分の外部に設定し、客観視する「**外在化**」＝「不安という虫が私の頭の中に住んで私の心をむしばんでいる。どうやってこの虫を退治しようか」も有効かもしれません（認知行動療法）。絵本でも「おこりんぼオニ」と名前をつけて、自分の怒りを自分の外へ追い出そうという話があります。

> 来談者中心療法

2 子ども対応や保護者対応が出来ない

来談者中心療法とは？

　来談者中心療法は，1940年代にアメリカの心理学者カール・ロジャーズによって提唱されました。ロジャーズは，クライエント（カウンセリングを受ける人）を自己成長する存在としてみなし，カウンセリングにおいて，カウンセラーの非指示的で受容的な態度の重要性を指摘しました。以下に「来談者中心療法のポイント」を示していますが，これらはカウンセラーに求められる資質としてロジャーズが挙げたものです。

【来談者中心療法のポイント】
○自己一致：自己概念と経験の不一致の問題を解決すること
○無条件の肯定的配慮：クライエントの話を徹底的に傾聴し受容すること
○共感的理解：クライエントの話を共感的に理解すること

❶自己一致
　来談者中心療法では，クライエントの成長しようとする力がうまく機能しない・不適応に陥っているのは，自己概念と経験がうまく一致していないせいだと考えます。自己概念とは，自分に対して抱いている様々な思いのことです。適応状態にするためには，不適応状態の原因である自己概念と経験の不一致すなわちずれを修正して，一致させていくことが必要です。自己概念と経験が一致している領域を最大化したのが，自己一致（自己受容）といわれる状態で，これを目指します。

❷無条件の肯定的配慮および共感的理解
　無条件の肯定的配慮とは，クライエントに解釈や指示を与えるのではなく，クライエントの話を傾聴し受容することです。一方，共感的理解とは，クラ

イエントの立場に立って、クライエントの話を共感的に理解することを指します。無条件の肯定的配慮や共感的理解をカウンセラーが示すことにより、クライエントは否定的に捉えがちであった自己の経験を受け入れ自己概念を修正することが出来るようになるといわれています。またクライエントとの信頼関係を築くことにもつながります。

　児童生徒の悩み・心配ごとなどに対して教師が共感的に理解することや、児童生徒や保護者の話を傾聴することなど、学校においても来談者中心療法の考え方は参考になると思います。加えて、来談者中心療法の技法は、教師と児童生徒の信頼関係の構築や、教育相談、児童生徒が自分の力で問題解決出来るよう促す場合などに活用出来ると考えられます。

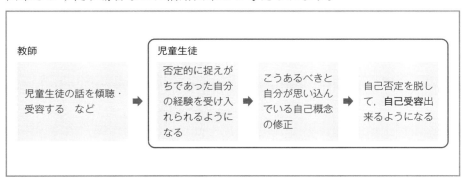

　なおロジャーズは、エンカウンター・グループの実践者としても有名です。エンカウンター・グループとは、特定の目標や課題を定めずにファシリテーターが集団をリードしながら行うグループ活動で、自分・他者・対人関係について体験的に理解し自分を成長させていくことを目指しました。このエンカウンター・グループの技法が発展して、構成的グループ・エンカウンター（Chapter2-1「グループワークトレーニング」参照）が登場しました。

❸来談者中心療法(カウンセリング)実施について

カウンセリングのポイントは,「受容」「傾聴」「共感的理解の促進」です。

> **受容**:相手をそのまま,否定も肯定もせず,評価を加えず,受け入れることをいいます。
>
> **傾聴**:相手の話をただ聴くのではなく「大丈夫」と注意深く,正確に,真摯に耳を傾けることをいいます。傾聴の前には,体の姿勢,微細な行動,声のトーンや表情などの波長合わせなどを行うことも大切です。
>
> **共感的理解の促進**:他人である自分が,価値観の違う相手とその世界を相手の立場で,理解しようと努める姿勢のことをいいます。

また,子どもの話を聴く際には,以下にも留意します。

- **プライバシーの保たれた,静かで安心出来る場所を用意する**
- 率直に心配していることを伝える
  - 最近,何となく元気がないように見えるよ
- 誘導しないでオープンに尋ねる
  - どんな気持ちなの?
- 評価や解決の前に,子どもの体験を共有する
  - もう少し,教えてくれる?
  - それって,どんな感じなの?
- 子どもの力に一緒に気づく
  - それってどんな風に役立ってる?
  - そういうとき,どうしてる?

出典:国立研究開発法人 国立成育医療研究センター・コロナ×こども本部「こどものSOSに気づいたら」より一部改変
https://www.ncchd.go.jp/center/activity/covid19_kodomo/report/CxC7_children_sos.pdf

❹来談者中心療法(カウンセリング)の促進技法について

・相手の話をたくさん正確に聴く

相手の心のドアは,相手の方にしか取っ手がついていないといわれています。相手が自分からドアを開けて,たくさん話してもらうために,焦らない

ことです。呼吸は待つつもりでゆっくりと聴く姿勢をとりましょう。そして相手は，カウンセリングを通して自分の心と対話するのですから，相手の話を正確に聴きましょう。相手の曖昧な気持ちをいかに相手自身が言語化出来るようにさせられるかが大切なので，たくさん話せる状況をつくり出しましょう。

・相手の話を要約し，確認する

　「(なるほど)あなたが，事実(感情)なのは，感情(事実)なのですね」と，確認します。例えば，以下の保護者との話のようにです。

> 「お母さんがイライラするのは，お子さんがゲームばかりして宿題をしないからなのですね」
> 「お子さんがゲームばかりして宿題をしないから，お母さんはイライラしてしまうのですね」

・安易に質問には答えない

　例えば，万引きした子どもと話をしていて「万引きは悪いことですか？」と質問されて「はい，当たり前」と答えますか？　「タバコはなぜ害があるのですか？」と質問されて「健康に悪いですから」などと，正答を返しますか？　本人達は答えなど分かっているのです。しかし，そう出来ない自分を責めているのです。従って，つらい気持ちに共感し，現状をいかに客観的に整理出来るかにかかってきます。

・面接の構造化

　面接の時間設定は必ずして相手に提示しておきましょう。なぜなら，相手が話の佳境に入って重要なときに話を切られることは１番傷つくからです。相手の話をひとまとまりにして終わらせる必要があります。時間を提示しておくことで，相手もどのくらい話せるのか，また話の内容によっては，少しまとめて話をしようと試みます。

Case
1 子どもの悩みをどのようにして
聴いたらいいのか分からない

子どもの困った場面

A先生
　小学生です。子どもが教師に何を訴えたいのか分かりませんが，くっついてくるので，時間をとって話を聴きましたが，特に悩みはないようです。「悩みはないんだね」と言うと「う～ん」と答えます。子ども自身も教師である私自身もよく分からなくて悩んでしまいます。

B先生
　中学生です。最近，浮かない顔をしていることが多い子どもに「何かあったの？」と質問してみるのですが「別に」としか答えません。何度尋ねても同じ答えが返ってきます。思春期も関係していると思うのですが，どのように関わればいいのでしょうか？

アドバイス

　例えば，次ページの図のような子どもがいます。先生はどのようにアプローチをするか考えてみましょう。

❶ノンバーバル（非言語）な部分からその子のサインを読み取る。
❷バーバル（言語）な部分でのアプローチに移る。

　吹き出しの部分は，最終的に子どもが自分から言い出した言葉です。この言葉を引き出すには，どんな働きかけが適切でしょうか。もしかしたら，子ども自身も吹き出しの言葉に気づいていなかったりします。教師と会話をする中で，子ども自身が自分の気持ちに気づき，自分の問題を認識し，その問題の解決策を見つけられるように支援出来れば最高ですね。

Chapter3　個別対応のための4つのアプローチ

どんな様子ですか？　　　⇐　　ノンバーバルな部分からサインを読み取る
どんなアプローチをしますか？　⇐　バーバルな部分からサインを読み取る

ワーク　下の欄に子どもとの関わりを考えながらセリフを埋めてください。

先　生	子ども
・どうしたの？ ・ ・	・別に，だるいだけ… ・ ・

次に，以下の問いに答えてください。○をつけてみましょう。
問1「子どもと先生とどちらが多くしゃべりましたか？」
　　　　　　子ども＞先生　　　子ども＜先生
問2「子どもの気持ちを正確に把握出来ましたか？」
　　　　確認しながら＞推測しながら　　確認しながら＜推測しながら
問3「子どもは，話して良かったと思っていますか？」
　　　　　言葉で確認＞表情で確認　　言葉で確認＜表情で確認

いかがでしょうか？ 以下の会話のようになっていませんか？

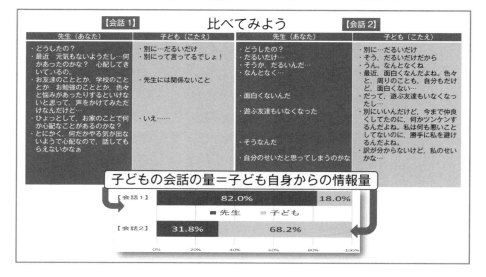

　もし【会話1】のようでしたら，「先生はしゃべりすぎ」です。教師が良かれと思ってしゃべりすぎてしまうと，無駄な話になってしまうことが多いのです。教師は自分が納得したくてしゃべりますが，それは結果的に子どもに不快感を与えてしまい，子どもから「話そうかな」という機会を奪ってしまうことになるのです。【会話2】のように，子どもに多くを語らせることによって，教師は子どもの情報を多く得られます。また，子どもは，語る楽しみ，伝える技術を取得します。そして「聴いてもらえた」という承認欲求が満たされるのです。特に，自分の意見を言わないと自律神経が乱れるともいわれており，人間は話すことでバランスを整えていくものです。

　従って，あまりしゃべらない子の場合は，何か作業をしながらおしゃべりすることもお勧めです。例えば，一緒に絵を描きながら話をする，何かを作りながら話をすることも出来ます。

　例：先生とお互いに線を引いてみよう

　１．白紙に，お互い交代に１本ずつ線を引いていきます。どんな形でもか

まいません。どんどん交代に線を引きます。
　2．途中で何かが見えたら，お互いに伝え合い，最後に2人で眺め感想を言い合います。

　これは，スクイグル法というもので，言語化に至らない場合，子どもは線を引くことで，無意識的な気持ちを表現出来，教師に受容されるだけでなく，教師からも表現され，受容する側に立つことになります。従って，お互いに線を引き合うことで，そこに信頼関係が育まれるのです。この場合は，子どもの心理状況の分析ではありません。子どもが緊張しているときなど，少し遊びの雰囲気を持たせることで，心にゆとりを持たせ言語化を促します。

　問いの答えは，以下の通りです。
問1　子ども＞先生
　子どもがなかなか話さなくても，そっと見守る（沈黙を味わう），子どもの発した言葉を繰り返すだけでもOKです。
問2　確認しながら＞推測しながら
　推測だけでは間違ったアセスメントになるからです。「○○だから，△△なんだね」と，子どもの言葉を確認しながら進めます。
問3　言葉で確認＜表情で確認
　面接自体の感想を尋ねるとき，教師にいい顔を見せようとする子どもは，心で思ってなくても「話して良かった？」と尋ねると，「良かった」と答えてしまいます。従って，クローズド・クエスチョン（2択）の場合は，表情から見極めることが必要になります。
　そして，「今日はお話出来て，先生はとても嬉しかった。また，お話聞かせてもらえる？」とこちらの思いを伝え，常に見守ること，次回の面接の許可を得るようにしましょう。

Case
2 子どもについて保護者から相談されたとき，うまく対応が出来ない

保護者の困った場面

A先生

　小学校2年生です。子どもがよく友達といさかいをおこすので，個別に注意し反省を促しています。しかし保護者は決まって「うちの子は悪くない」と言い張り，放課後，学校に電話をかけてきて，際限なく指導の文句を言い続けます。時系列で説明をしても納得してくれません。実際に担任として辟易しています。

B先生

　中学校1年生です。子ども同士のトラブルで保護者とよく話をするのですが，私の言葉は保護者に届きません。「分かりました」と答えてくれたので，やっと届いたと思ったら，それが歪んで伝わっていることがよくあり悩んでいます。

アドバイス

　まず，どの保護者にとっても自分の子どもが1番大切だという思いを受け止めることから始めます。保護者の話を聴くときのポイント（構造化）です。
❶保護者への労いを示す
　まず，保護者がわざわざ電話をかけてきてくれたことを労いましょう。なぜなら，その時点で，1番困っているのは保護者だからです。
❷時間を区切る
　保護者が電話してきたとき，最初に時間設定をしましょう。なぜなら，保護者の話が佳境に入ったときに，教師は会議で電話を中断するなんてことに

なると，保護者はこれから言おうと思っていることが言えなくなります。従って，「今日は次の会議まで，20分程度の時間が取れます」などと前置きして聴くことで，保護者も「20分で話をまとめなければならない」と覚悟して話してくれます。そして20分が経ったらきちんと電話を切りましょう。

❸保護者からの話の内容を整理しながら聴く

保護者の話の内容を整理しながら聴くことが大切です。なぜなら，保護者は，子どもの言動だけを信じる傾向が強く，それがいつの間にか事実となってしまっている可能性があるからです。大切なことは，保護者の話を次のように「事実」「感情」「思い込み」に分けて聴き取っていくことです。

例：

> 「うちの子が**今日も友達とケンカした**とか。**最初にうちの子が友達をたたいた**って言うじゃないですか。きっとその子にしかけられたに決まっているんです。最初にその子がうちの子に悪さをしたから，たたいたに違いないのです。それなのに一方的に**謝らせた**のですね。先生は，ちゃんと見てくださっていたのですか？　相手のお子さんはきちんと謝ってくれてないのでは？　いつもうちの子が悪いと言われて腹が立ちます。」
> （**太字**が事実，　　が感情，下線部が思い込み）

事実	感情	思い込み
今日も友達とケンカした 最初に友達をたたいた	（イライラ）	けしかけられたからたたいた
謝った	腹が立つ	一方的に謝らせられた 相手は謝ってくれていない いつも悪いと言われる

表にしながら，カウンセリングの手法である，傾聴，確認化を使いながら話を聴き，保護者の目的をはっきりさせます。

❹保護者の目的をはっきりさせる

この場合，保護者は「相手がちゃんと謝ってくれたのか知りたい」または「教師にちゃんと見ていて欲しい」が目的と考えられます。

Case 3 自分がヤングケアラーだと気づいていない子どもへの対応が分からない

子どもの困った場面

A先生

　小学生6年生，とても性格がよくて朗らかな子です。きょうだいが多く，まだ下の子（赤ちゃん）の面倒を見ているようです。そのため遅刻が多く，時々服が汚れていたり，髪を洗っていないときがあり宿題を忘れてくることもあります。しかし学校では，友達と楽しそうに過ごしているので，このまま様子を見ていいのかどうか悩んでいます。

B先生

　中学校3年生です。やさしく思いやりのある生徒で，病弱の母親や，きょうだいの世話をしており，家事全般を彼女が担っています。成績は下位ですが，遅刻もせず登校出来ています。「母親に頼られているので，頑張らないといけない」と明るく語りますが，授業中，泥のように眠ることがあり，とても気になっています。

アドバイス

　令和6年6月にこども家庭庁は，「子ども・子育て支援法等の一部を改正する法律」で，ヤングケアラーとは「**家族の介護その他の日常生活上の世話を過度に行っていると認められる子ども・若者**」とし，「こどもにおいてはこどもとしての健やかな成長・発達に必要な時間（遊び・勉強等）を，若者においては自立に向けた移行期として必要な時間（勉強・就職準備等）を奪われたり，ケアに伴い身体的・精神的負荷がかかったりすることによって，負担が重い状態になっている場合」を指すと定義しています。

そして,「学校等の関係機関を通じたアンケート調査やスクールカウンセラーによる相談支援の結果等の内容も十分踏まえて,優先的に支援を行う必要性の高いヤングケアラーの把握に努める」と方向性を打ち出しています。

　問題は,子ども自身が,**自分がヤングケアラーだと気づいていないこと,自分が担っている家事等は日常化しているので当たり前だと思っていること**があり,なかなか介入が難しい現状にあることです。さらに自分の家庭のことなので誰にも話したくない,自分の居場所がなくなってしまうという危機感を抱いている子どももいることです。

　一方,ヤングケアラーだからといって,決して不幸だとはいえず,その生活に順応出来てきたからこその人間的な強さを備えている人も多くいます。

　ただ,A先生のように,子どもが学校で楽しそうに過ごしていたとしても「**遅刻が多い**」「**服が汚れている**」「**髪を洗っていない**」場合は,ネグレクトを疑います。またB先生のように,子どもは家事全般を担い精一杯頑張っており,母親に期待されて喜び,遅刻もせずに登校出来ていても,「**泥のように眠る**」は異常です。

❶子どもと親しく信頼のある担任教師からの子どもへの丁寧な聴き取り

　まず,担任教師は,子ども本人の受け止めを丁寧に捉え,子どもの気持ちに寄り添いながら「事実」(遅刻の多さ,泥のように眠る)について,本人に自覚を促し,どのように捉えているのか,どのようにしたいのかをカウンセリングの手法で聴き取っていきます。

❷保護者の状況や心情も十分踏まえた肯定的・共感的な関わりと連携協働

　聴き取った子どもの話「事実」から,スクールソーシャルワーカーや関係機関等と連携協働し,周囲の大人等が理解を深めることが必要になります。そして,家庭において,保護者自身に子どもが担っている家事や家族のケアの負担に気づいてもらうことで,必要な支援につなげることが重要です。

論理療法・認知行動療法

3 思い込みが強く問題行動が多くて困る

論理療法とは？

　論理療法を提唱したアルバート・エリスは，先行する出来ごと（A：activating event）が，その後の結果（C：consequence）を生むのではなく，先行する出来ごと（A）をどう考えるか・どう捉えるかといった認知の仕方（B：belief）が結果（C）を生むと考えました（ABC 理論）。この認知の仕方のことをビリーフ（信念）といいます。ビリーフには，合理的なものと，不適応を招く不合理なものがあります。エリスは，論理療法において，クライエントのもつ不合理な信念に気づかせ，それをより合理的な考え（ビリーフ）に修正していくことで不適応を改善する方法を提唱しました。

　論理療法では，不合理な信念に反論する（このことを「論駁」ともいいます）ことで，合理的な考えが出来るようにします。また，論理療法の ABC 理論を用いて自己分析することで，自分の思い込み（B）に気づいたり，そのような思い込みがもたらす感情的な悪影響（C）を理解し克服したりすることが出来るかもしれません。

【図1　児童生徒および教師の ABC モデル例】

児童生徒のABC例

A　ある出来ごと	B　不合理な信念	C　結果	反論（論駁）
テストの点が悪かった	他の人と比べて，自分は何をしてもうまくいかない	落ち込む，勉強に手がつかなくなる	自分にはうまくできるものもある
先生/友達から注意を受けた	先生/友達に嫌われている	不安，恐れ，学校が嫌になる	自分のことを思って指摘してくれたのかも

教師のABC例

A　ある出来ごと	B　不合理な信念	C　結果	反論（論駁）
職員会議の開始時間が遅れた	みんなきちんと10分前には集合すべきだ	怒り	人には人の事情があるものだ
仕事でミスをしてひどく叱られた	周りの人に迷惑をかけてしまい，自分は教師に向いていない	罪悪感，同僚に声をかけることが出来なくなる	ミスは誰でもするものだ。次は気をつけよう

認知行動療法とは？

　認知行動療法（Cognitive Behavioral Therapy：CBT）には，第１世代（行動療法），第２世代（認知療法），第３世代（認知行動療法）と，大きく３つの系譜があり，発展してきました。例えば，Chapter2-2で紹介した「ソーシャルスキルトレーニング」は，第１世代（行動療法）の技法を活用していますし，先に紹介した論理療法のABC理論は，第２世代（認知療法）で用いられています。また次節Chapter3-4では，第３世代（認知行動療法）の技法であるマインドフルネスについて取り上げています。認知行動療法で用いられる様々な技法は，児童生徒や教員の思考，気分，行動に変化を起こすために活用することが出来ると考えられます。

　ある出来ごとが起きたときに，ほぼ自動的に頭の中を流れる考えのことを自動思考といい，どのような自動思考を持ち易いかという癖や傾向は人によって様々です。その人特有の考え方や思い込み，価値観，信念といった認知的枠組みのことを「スキーマ」といい，スキーマが自動思考を生み出すと考えられています。

　非機能的な自動思考のことを「認知の歪み」といい，自動思考が悲観的で歪んでいると，嫌な気持ちや人間関係のトラブルにつながり易いといわれています【図２】。そのような場合，認知の歪みを解消する手立てが重要です。

【図２　ネガティブな感情を生み出す認知・思い込み】

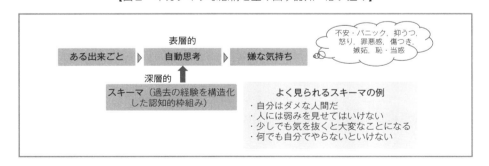

❶先生方は,ご自身の思い込みを理解出来ていますか?

　例えば❶「今日もあの子が,反抗的な態度をとった。私のことが嫌いなんだ」とか,❷「あんなに注意しても,あの子が宿題を持って来ないのは,家で宿題をしなかったからだ」と推測したとします。先生方は,多くの経験もあり大抵は的中します。しかし,実際には,❶「先生のことが嫌いではなく,好きだから構って欲しくて反抗的な態度をとった」,❷「家で宿題はしていたけど,カバンに入れるのを忘れて持って来ていない」など,きちんと状況把握が出来ていない場合が多く,教師の推測だけで勝手に判断してしまい,間違った対応になってしまうことがよくあります。

　教師は,常に自己理解しておく必要があります。いかに自分自身をメタ認知出来ているかが大切になり,その姿勢が子どもにも影響してくると思います。そこで,3つのご提案をします。

　1.**毎日,鏡で自分の表情をチェックし**「あなたは大丈夫,今日も素敵」と鏡に映った自分に声かけする。その際,目が笑っているかどうか,イライラを引きずって学校に来ていないか,クラスの子どもに関係ないことでモヤモヤしていないかをチェックする。

　2.**子どもの気持ちを知りたいとき,教室内の子どもの席に座ってみる**こともお勧め。そこからの景色や周りの友達の様子を感じることが出来,今まで見えなかったものが見えるなど,新しい発見がある。

　3.**夜1行日記をつける。**

(例) 12月3日(金) ＊気持ちお天気(くもり)
今日は,夕食の準備でイライラしてしまったなぁ…
明日は,10分早めに夕食の準備に取りかかろう!

12月4日(土) ＊気持ちお天気(あめ)
子どもが宿題をしないので,大声で叱ってしまった
明日は,具体的に「計ドを2ページ出来るかな?」
とやさしく声かけしてみよう

12月5日(日) ＊気持ちお天気(はれ)
子どもが一緒に洗濯物を干してくれた「ありがとう!
手伝ってくれて助かった!」とすぐにほめることが出来た(with 笑顔)

・その日の自分の気持ちをお天気で表す
・次にそのお天気になった理由を書く
・自分の感情と行動を見つめる

Chapter3　個別対応のための４つのアプローチ

❷子ども達はトラブルになったとき，自分の行動を振り返り適切な行動がとれているでしょうか？

　子ども達は，衝動的に何かをして後悔はするけれど，また同じことを繰り返す傾向にあります。そんなとき以下の解決シートもお勧めです。

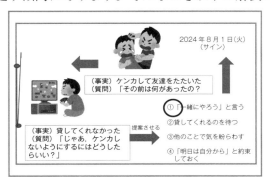

・事実（ケンカ）の前に何があったのか見つめる
・前の事実（貸してくれなかった）に対する解決策を考える
・日付とサインを書く

　また，「問題の外在化」を上手に使っていくことも役立ちます。ナラティブ・セラピーで用いられている考え方です。相手や自分の問題を，自分自身から切り離して，自分の外側に置くことで，問題を解決しようとすることです。そうすることで，問題自体を客観視出来るようになるので，相手や自分を責めずに楽になる可能性があるのです。

　例えば以下の①②③を外在化してみると⇒のようになります。
①「休み時間，友達にいつもボールを先取りされ，友達に腹が立つ」
⇒❶「ボール置き場が友達の教室の近くにあるのが悪いんだ。今度，先生にボールの置き場所を変えてもらえるか尋ねてみよう」
②「先生にいつも友達に手を出すと注意され，自分自身にイライラする」
⇒❷「自分が悪い訳ではない。この手が悪さをするので自分で見張っておこう」
③「宿題がなかなか出来ない自分は，ダメな人間だ」
⇒❸「自分がダメではなく，宿題をしようと思うと出現する怠け虫が悪いんだ。退治する方法を考えよう」

Case
1 勝手な思い込みをして すぐに怒ったり落ち込んだりする子がいる

子どもの困った場面

A先生

クラスの子どもが「○○さんに睨まれた。絶対に自分のことが嫌いなんだ」と頑なに信じています。○○さんは「決してその子を睨んではないし嫌っていない」と言いますが、その子は、常に○○さんとは一緒に活動しようとせず、勝手な行動ばかりして困っています。

B先生

中学生です。友達から秒でメールに返信がないと、すぐに「自分は仲間外しされた」とか「敵対視している」と訴えます。しかしその子からブロックされた訳ではないので「忙しいんだよ」と言うと「先生は全然分かってくれない」と泣き崩れ、対応に困ります。

アドバイス

　もしかしたら、当該の子どもにはASDやADHDなどの発達特性があり、自分自身もしんどい思いをしているのかもしれません。その場合、まずはその子どもの視点に立ち、その子の気持ちを理解することが大切です。
　次ページの写真はある学校で文化祭準備をしている写真です。質問しますので答えてみてください。①**「何が見えますか？」**②**「何をしているところですか？」**③**「どのように感じましたか？」**おそらく先生方は、①「タペストリーか大きな絵」②「文化祭の準備か何か」③「もう少しで完成だ。すごい」などと答えられたと思います。しかし、発達特性を有している生徒は、□の中のように答えました。その答えからどんなことが想像出来ますか？

Chapter3 個別対応のための4つのアプローチ

① 「鳥かごが見える」
② 「鳥かごの中に,生徒を一人,閉じ込めて,みんなでいじめている」
③ 「鳥かごに閉じ込められた彼がかわいそうでならない。きっと怒って泣いているはずだ。許せない」

　この写真を見たとき,その生徒は,自分がいじめられたという過去のトラウマになっている思い込みが瞬時によみがえり,写真と重ね合わせてしまったのです。そして,かごの中で作業している生徒を勝手に「いじめられている」と思い込んでしまいました。発達特性のある子どもは,相手にその意図がないのに「自分を見て笑った」「自分をバカにしている」と感じたり「自分だけ無視されている」などと思ってしまう傾向があります。聞き間違いも多く「悪口を言われた」と怒ったり「バカにされた」と自信をなくしてしまうこともよくあります。また,相手が言うことを聞き取れていないことを知られたくなくて,何でも「はい」と言ってしまい「ウソつきだ」「ふざけている」と言われることもあるのです。つまり,認知の歪みが原因で,人間関係もうまくいかなくなってしまうと考えられています。何も対策をしないと,子どもの困り感が増え,様々な困難にぶつかり戸惑いが増します。そこで周囲のサポートがないと,見捨てられ感が増し「自分はダメだ」と自信をなくしてしまうのです。そんなしんどさを抱えながら生活しています。

　従って,個別に,以下のような認知行動療法を取り入れたワーク（**「考え」**を整理し**「反証」**し**「行動プランを立てる」**）が大切になります。
❶「浮かんできた思考」と「どうしてそう思うのかの根拠」を書く。
❷「そのとき,浮かんだ思考が間違いである」と仮定し根拠を探す。
❸「視点を変えて見る」次に「どのように行動するか」プランを立てる。

Case 2 平気でウソをつき反省しても
すぐにまたウソをつく子がいる

子どもの困った場面

A先生

小学校2年生です。時々友達の定規や鉛筆を自分の筆箱に入れてしまう子がいます。友達が困っているので確かめると，決まって「それは友達にもらったものだ」とウソをつきます。友達は「あげていないから返して欲しい」と言うと，ニヤリとして「そんなに欲しいのならあげるよ」と返しますが，どう対応したらいいのか困っています。

B先生

中学生です。平気ですぐばれるウソをついて友達とケンカになってしまいます。教師が注意すると「ごめんなさい」と反省するのですが，またすぐにウソをつきます。その場しのぎで「バレたら困る」ということも考えないようです。ただでさえ，友達との関係がぎくしゃくしているのに，孤立するのではないかと心配です。

アドバイス

　子どもがウソをついたとき，まず問題のないウソかどうかの見極めが大切です。「失敗を隠す」「自分をよく見せる」「注意を引く」「心配させたくない（大丈夫じゃないのに大丈夫という。楽しくないのに楽しいという）」など，ウソをつくに至った心理や理由を理解し，それに応じた対応をしなければなりません。従って，子どもの発した一言だけで，共感したり怒ったりせずに，大きな気持ちで，そのウソの前後の様子へ想像を巡らしつつ，子どもの話を聞いていくことから始めます。

次に，教師がした注意を子どもが本当に理解しているのか，確認作業に入ります。子どもは，意外とされた注意が分かっていないことがよくあります。なぜなら大人の怒った顔や吊り上がった眉や目，への字に曲がった口に恐怖を覚え，つい「分かった」と言ってしまうのです。従って，「何が分かったの？」と質問し，なぜ自分が注意されたのかを理解出来たらほめましょう。もし理解出来ていなかったら，再度説明し直します。そして再度確認してきちんと理解出来ていれば「よく理解出来たね。すごい！すごい！」とほめるのです。

　教師がどんなに叱ったり注意したりしても，子どもが叱られたり注意されたりした意味をきちんと理解したら，その時点でほめておくことが，次の場面でも生きてきます。そうすることで人の話を聴ける子どもに育っていくのです。

　また，教師がいくら口で説明しても難しい子どもには，以下の簡単なワークで教師と一緒に整理し，解決方法をシュミレーションしてみましょう。

| ①トラブル（ウソ）の内容
②そのときの相手の気持ち
③そのときの自分の気持ち | → | ❶解決法（次からどうするべきか）
❷相手の気持ち
❸自分の気持ち |

例：相手の定規をもらったとウソをついて，盗ったことがばれた

| ①相手の定規をもらった（ウソ）
②盗られたと思った
　嫌な気持ち，返して欲しい
③困った，悪いことをしてしまった（キャラクターが好きで欲しくて，近くで見ていたかったから） | → | ❶まず謝って定規を返す
　貸して欲しい理由を説明し，「貸して」とお願いする
❷やさしそうに「いつでも貸してあげるよ」と言ってもらえそう
❸嬉しい，安心出来る |

Case
3 教師の勝手な思い込みで，後輩に指導しようとする先輩教師がいる

教師の困った場面

A先生

　小学校教員です。不登校気味な子どもがおり，その子の様子を見ながら登校刺激をしようと思っているのですが，先輩教師は「早く対応しなくてはダメ。家庭と密に連絡して説諭しないと不登校になってしまう」とせかされて困っています。先輩教師は多くの経験もあり，その対応が正しいのかもしれませんが，当該の子どもには，まだ登校する心のゆとりがないのでそっとしておきたくて悩んでいます。

B先生

　中学校教員です。まだまだ新米教師ですが，自分のクラスをまとめようと頑張って指導しています。しかし不登校傾向の子どもがいて，全員揃う日が少なく，様子を見ている途中です。しかし先輩教師から「いい加減，クラスを早くまとめなさい。不登校気味の生徒には，積極的な家庭訪問が有効」とせかされてばかりで困ります。

アドバイス

　不登校傾向の子どもへの「登校刺激をした方がよいのか，しない方がよいのか」について迷っている場合，以下のような**「メリットとデメリット整理表」**を書いてみることをお勧めします。
❶登校刺激をすることのメリットとデメリットに分けて表に書く。
❷デメリットの部分を見つめて，デメリットを反証してみる。
❸反証出来たデメリットを削除する。

Chapter3 個別対応のための4つのアプローチ

❹メリットとデメリットを見比べて「登校刺激をするかしないか」決定する。
＊最終的にデメリットが反証出来てなくなれば，「登校刺激をする」に決定してもよいが，どうしても反証出来ないデメリットが残れば，しばらく「登校刺激をしないで様子を見る」ことにした方がよいと思われます。

メリット	デメリット	デメリットの反証
・「登校したい」と思っている子どもに対して，登校するきっかけを与えることになる。	・「登校したくない」という気持ちが子どもにあるのに，余計なお世話だと捉えられる。	・「登校したくない」と思っているかどうか分からないし，余計なお世話でないかもしれない。
・子どもの保護者にとっても学級担任の登校刺激が安心材料になる。	・子どもの保護者にとって学級担任からの圧力だと捉えられてしまう。	・まずは，保護者と話をしてみないと分からない。
・今の子どもの思いを聴くことが出来る。	・「登校したい」気持ちがあるのに，「自分は登校出来ない」状態の場合，子どもを余計に苦しめることになる。	・子どもの真意が分からないのにデメリットであると断言出来ないが，とりあえず保護者を通して子どもの様子や思いを間接的にきけるかもしれない。
・今の子どもの状態が分かる。	・子どものストレスを増やしてしまうかもしれない。	・子どもにとって「登校刺激」がストレスになるかどうか分からないので，保護者に確認してみることが先決かもしれない。

　以上のことから，デメリットの反証はすべて出来ました。従って，「登校刺激をする」ことに決定する訳ですが，反証の部分をよく見ると**キーワード**として「**保護者**」が散見されます。
　つまり，登校刺激をするにしても，まずは，保護者から反証に記載した部分について，具体的に聴き取りをしてみることが出来るかもしれません。そして，次の段階として，それを基にした「保護者からの聴き取りによる子どもへの登校刺激のメリットデメリット表」を作成してみることをお勧めします。

> マインドフルネス・セルフコンパッション

4 迷惑をかけられている周りの子どもへの対応が分からない

マインドフルネスとは？

　マインドフルネス（mindfulness）とは，「今の瞬間の現実に常に気づきを向け，その現実をあるがままに知覚し，それに対する思考や感情にはとらわれないでいる心の持ち方，存在の在り様」を意味する言葉です。もとは小乗仏教経典に用いられるパーリ語の「サティ（sati）」という言葉の英訳で，「心をとどめる」という意味を持ちます。

　マインドフルネスの第一人者であるジョン・カバットジンは，マインドフルネスを「今ここでの経験に評価や判断を加えることなく能動的な注意を向けること」と定義しました。マインドフルネスの特徴は「いま，この瞬間」に焦点を当てることです。つまり，問題の原因と考えられる過去の体験より，今ここで起きている現実の問題を介入の対象とします。マインドフルネスのトレーニングは，ストレス対処や，うつ病や不安障害の治療などにおいて効果的であることが示されてきました。

　過去のことを思い出して落ち込んだり，後悔したりすることがあるかもしれません。反対に，将来のことを考えて不安・心配になったり，怖気づいてしまうことがあるかもしれません。そういった「いま，この瞬間（今ここ）」に存在しないことに気を取られてしまうことによって，幸福感が下がったり，苦悩が深まったりします。しかし，マインドフルネスをトレーニングすることにより，うまく感情をコントロールしたり，注意制御したり，ストレスに対処することが出来ることが期待されます。

セルフコンパッションとは？

　セルフコンパッション（self-compassion）は，直訳すると「自分への思いやり」になりますが，単なる思いやり以上に，抱えた苦悩や課題に対してより積極的に対処するということが含まれているとされます。例えば，一生懸命頑張ってもうまくいかなかったときや傷つくような体験をしたとき，「自分はもうダメだ」と自分に対して否定的・批判的になったり辛辣になったりするかもしれません。しかし自分を評価して尊重することや，自分や他人に対して優しさを向けることを学ぶことで，そういった失望を受け止めて，自分自身を支援し励ますことが出来るようになります。

　セルフコンパッションは，マインドフルネス，共通の人間性，自分へのやさしさという主に３つの構成要素からなります。マインドフルネスは，前項で紹介しましたが，自分の経験による苦しさを無視したり誇張したりすることなく，バランスよくありのまま捉えることです。共通の人間性とは，孤独感や疎外感，苦しみを抱える自分に対して，「自分だけじゃない。他の人達も同じような経験をしている」というように，様々な苦難は人類に共通しているという感覚や認識を持つことです。自分へのやさしさは，自分の良いところを認め，自分に対して優しく思いやりのある励ましを行うことです。自分を甘やかすことではありません。

　自分の良いところや努力，出来ていることを評価するとともに，うまくいかなかったときや失敗したときに，自分や他人に対してやさしさを向けることを学ぶことは，ウェルビーイング向上においても重要です。セルフコンパッションにおいて大切なことは，ネガティブな出来ごとや結果に対して失望しないことではなく，自身の抱える失望に対してどう対処するかであるといえます。

セルフコンパッションの構成要素「マインドフルネス，共通の人間性，自分へのやさしさ」を取り入れた具体的な活動

　セルフコンパッションは，不登校や自殺等の要因でもある抑うつ・不安，不機嫌・怒り，無力感など心理的ストレス反応と同程度の負の相関，主観的幸福感との正の相関を示すといわれています。ではどのように日々の活動に取り入れたらいいのかについてご提案します。

❶マインドフルネス瞑想

　否定的な考え方が頭に思い浮かんだときにそれにとらわれず，現実に起こっていることに意識を集中し，あるがままを受け入れて感情のバランスを保つ考え方です。やわらかな静かな音楽を流しながらの実施もお勧めです。

１．姿勢を整える
足の裏全体を床につけ，背筋を伸ばし，手は膝に
２．呼吸に意識を向ける瞑想
・目をとじて自分のペースで呼吸をする
・お腹のふくらみ，ちぢみに注意を向ける
・別の考えが浮かんだら，呼吸に注意を向ける
３．しっとり終了
ゆっくり鼻から息をすって，全部はき出す

---

❷ハート分析で，自分の気持ちに気づく

　まず，今の気持ちを客観的に捉えるために，ハートに線を入れて自分の気持ちを分割します。次にその気持ち（感情）を示す言葉を書き入れます。そしてその感情がいつ，どこで生じたのかを書きます。最後にその感情になった理由を書き込みます。書き込んだ自分の気持ちを眺めて振り返ります。例えば「学校では授業中焦ることもあったけど，友達と遊べて楽しかった。でも学校からの帰り道でケンカして，家でもそのことを引きずってイライラしている自分がいる」と振り返ります。

Chapter3 個別対応のための4つのアプローチ

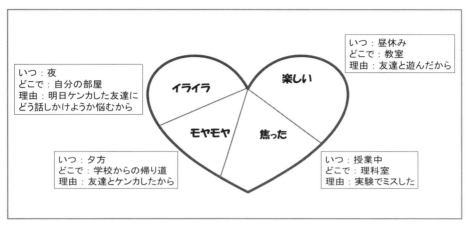

❸ハート分析で,友達の感情にも気づく

　自分の気持ちに気づけたら,今度は友達の感情について振り返ってみます。例えば「昼休みは,〇〇さんと楽しく遊んだ。きっと〇〇さんも楽しかった。しかし夕方帰り道に△△さんとケンカした。自分の言葉がきつかったのかもしれない。△△さんは傷ついたかなぁ。きっと△△さんもモヤモヤしていると思う。△△さんからも結構きつい言葉を言われたし…なぜならいつもはお互いに仲良く楽しく過ごしているから。」

　これまでの仲良しの友達との関係性から,ハート分析で相手にも目を向けると,モヤモヤしたりイライラしたりしているのは自分だけではなく,相手も同じように感じているのではないかと考えることが出来るかもしれません。

　次に解決策を考えます。自分の苦しみに直面したときに自分に厳しく批判的になるのではなく,自分だけが経験しているものとしてではなく,相手も同じように感じているかもしれないと思いを巡らせ,その上で「明日は,自分から話をしてみよう。そして自分が言った言葉で△△さんが傷ついたのではないかと心配していることを伝え,自分も△△さんの言葉で凹んだことを正直に話してみよう」と納得のいく自分なりの対応を考えます。

Case
1 問題行動をする子どもがいるとき，その隣や周りの子どもの気持ちを楽にする方法が分からない

子どもの困った場面

A先生

　小学生です。やんちゃな子が，クラスの特定の子どもにいたずらをします。周りの子どもは，その状態を見て「やめなよ。○○さんがかわいそう。あなたが悪い」と叱責し，○○さんをかばってくれますが，やんちゃな子は，全く動じません。常に同じ状態が続いているので，周りの子ども達のストレスがたまってしまいそうです。周りの子どもが楽になるような働きかけを教えてください。

B先生

　中学生です。問題行動が多く，周りを巻き込んで，自分の主張を通してしまう子どもがいます。常に周りの子どもが我慢をしている状態です。周りの子ども達はとても優しく接してくれますが，時々イライラしている状態が見られ，うっぷんがたまっている感じを受けています。

アドバイス

　当該児に対して，教師はどのような対応をしているのでしょうか。まず，当該児の背景に注意を払い，その行動を引き起こしている感情に焦点を当て，その感情が引き起こされている状況を探り，個別対応をしなければなりません。(**来談者中心療法**：pp.102-113参照)

　次にクラスの他の子ども達も巻き込んで，以下「お互いの感情を理解する」および「お友達の雰囲気から声かけをしてみよう」ワークを試しましょう。

Chapter3　個別対応のための４つのアプローチ

❶「お互いの感情を理解する」ワークをして相手の表情，身振り，口調から相手の気持ちを理解する

　１．教師は感情の基本カード（例：右枠）を用意する。

　２．お互いにペアを作り，ジャンケンして，カードに書かれてある感情を，声を発さずに相手に**顔だけで伝える**（10秒間）。当たれば拍手をする。交代する。

　３．次にカードに書かれてある感情を，声を出さずに相手に**顔とジェスチャーで伝える**（10秒間）。当たれば拍手をする。交代する。

・喜び
・悲しみ
・不安
・怒り
・安心
・驚き

　以上のワークで，自分がどのような感情で友達と接し，友達がどのような感情でいるかについて自問自答することが出来ます。その後，教師は「**人の気持ちの９割以上が相手の表情や身振りに現れます。お互いに意識して相手の感情に敏感であることが，良い人間関係につながります**」と締めくくります。それからクラスの子ども達の様子を見ます。

❷「お友達の雰囲気から声かけをしてみよう」ワークをして適切な声かけについて，クラス全体で共有しておく

　１．学校で友達のイライラしている様子に気づいた場面を挙げてもらう。挙げてもらえなければ，教師が架空の場面設定をする。

　　例：朝からイライラして壁をたたきながら歩いている，ムスッとして口をへの字に曲げ，眉間にシワを寄せている

　２．１の雰囲気の友達に対して，どんな声かけが有効か意見を出し合う。

声かけ方法	周りの気持ち	その友達の気持ち
・何もしないで無視。	・嫌な感じ，近づきたくない。	・周りの気持ちは分からないままイライラが続く。
・「大丈夫？　イライラしてるみたいで，心配なんだけど…」	・何かあったのか心配でその友達のことを理解したい。	・自分では気づいていないので，声かけしてもらい自分の状態が分かる。

129

Case 2 困ったら固まってしまう子がいる

子どもの困った場面

A先生

小学校4年生です。教室内を立ち歩きする子どもがいます。その隣の席の子どもは、いつも文房具やプリントを落とされますが、何も言えない状態です。注意をしますが、その子は知らん顔で、自分が落とした友達の文房具やプリントを拾おうとはしません。席替えをしても、またその隣の子どもが同じ状態になり、その子を嫌い憎んでしまうのではないかと心配しています。

B先生

中学校1年生です。授業中に指名すると決まって固まってしまい、全く答えようとしません。絶対に答えられるはずなのに、わざと答えてくれません。休み時間は、友達と大きな声で話をし、楽しそうにしています。個別に指導をしていますが、そのときもダンマリを通しています。教師との相性が悪いのか、それとも他に原因があるのか悩んでいます。

アドバイス

まず、A先生は、教室内を立ち歩いている子どもに対してどのような関わりをしているのでしょうか。その子どもの背景や気持ちをきちんと把握出来ているのでしょうか。Chapter1の「アセスメント」から実施します。B先生の場合も、固まってしまう子どものアセスメントが1番です。また、不安を呈している子どもの場合、授業中に突然に指名されるとどうしていいか分

からずに固まってしまう子がいます。なぜなら，その子にとっては，全く想定していないことなので，戸惑ってしまうのです。大切なことは，前もって「何番目に当てるよ」とか「今日の放課後，○○時に△△に来てください。授業の話をします」などの**予告をしておくこと**をお勧めします。さらにその子の気持ちを話してもらう対応として以下をお勧めします。

❶**クローズド・クエスチョンを連ねて，文章にして確認する**

　クローズド・クエスチョンは「はい」「いいえ」で答えられる質問です。声を発さなくても，うなずくだけで意思表示が可能です。この質問をしながら話を聞いていきます。以下に例（教師の質問と子どもの答え）を示します。

　「今日の授業は，答えが分からなかったの？」首を横に振る（「いいえ」）

　「答えは分かっていたの？」うなずく（「はい」）

　「はずかしかったの？」うなずく（「はい」）

　「どうして？」（これはオープン・クエスチョンなので答えられない）

　「突然当てられて，驚いたからかな？」うなずく（「はい」）

　「何番目に当てると予告しておいたら答えられた？」うなずく（「はい」）

＊当該児は「**答えは分かっていたけど，突然当てられて驚き言葉が出なくて答えられなかった**」となります。「**分かった。じゃあ次から当てるときは，予め予告するから答えてくれる？**」と確認し，約束して安心させます。

❷**深呼吸で気持ちを切り替えるなど，呼吸に全集中させる時間を取る**

　子どもが，この瞬間のみに集中し，自分の気持ちにのみ集中させる環境をつくり出すことで，自分自身のネガティブな感情をメタ認知し，具体的な対処行動をとる方法を身につけます。

○深呼吸を3回繰り返す

　1回目は，まずイライラやモヤモヤしている気分（ネガティブ感情）を頭の中にため込み，息と一緒に体の外へ吐き出す。2回目は，気持ちよい感情を気持ちよい場面（ポジティブ感情）とともに体の中へ息と一緒に取り込む。3回目は，それを定着させる気持ちで深呼吸する。

Case
3 リストカットなど，
自傷行為をしてしまう子がいる

子どもの困った場面

A先生

小学校5年生です。授業中，手の爪も足の爪もほとんどなくなっており，イライラしては爪の周りの皮を剥いています。血が出るときもあります。手当てをしても全く改善しなくて困っています。またコンパスの芯で遊んでいることもあり，突き刺さないか心配しています。

B先生

中学校3年生です。とても神経質な感じの子どもで，色々なことに敏感です。夜は決まってリストカットをしています。「切ってはいけない」と指導し，スクールカウンセラーに話を聴いてもらうよう勧めていますが，一向に聞く耳を持ちません。

アドバイス

自傷行為は，痛みを伴う作業です。その痛みを感じつつ，それでも自傷してしまうのは，心の中に，それ以上に耐えがたい痛みや不快感を抱えているからだといわれています。まず，自傷行為についてしっかりと理解することから始めましょう。なぜなら自傷行為は，子どものSOSでもあるからです。B先生のように「切ってはいけない」と指導すると「SOSを出してはいけない」というサインになってしまうかもしれません。もしかしたら「死にたい」と思っていても，その気持ちを打ち明けられなくなりますから要注意です。

子どもが感じている心の痛みはそれぞれです。まずは，その子どもの背景や気持ちをきちんと把握することから始めます。自傷には即効性があり，傷

の痛みを感じた瞬間に,つらい気持ちが痛みに置き換えられるように感じるといわれており,つらい思いをして,一人で我慢に我慢を重ねてようやくたどり着いた孤独な対処法であるともいわれています。また自傷は繰り返すことで脳内麻薬の分泌を促し,不安や緊張を和らげるのでエスカレートし易いともいわれています。さらに周りの人にも伝染し自分を傷つける行為に対する抵抗感が低下するので集団での広がりにもつながってしまうのです。

　従って,教師は,自傷している子どもを見つけたら,以下の対応を心がけましょう。そして一人で抱えずスクールカウンセラーに相談しましょう。

❶決して自傷したことを責めず,感情的にならない対応

　頭ごなしに「自傷をやめなさい」と言わないことです。そうしないと二度と正直に気持ちを語れなくなるからです。自尊心の低い子どもは,たった1つ行動を否定されるだけで,全面否定されたと受け止め易いため,決して批判的な対応はNGです。従って,驚いたり責めたり（過剰反応）,見て見ぬふり（過少反応）などは,子どもを追い詰める結果になってしまいます。子どもとの関わりで大切なことは,穏やかで,冷静な態度で傷の観察をし,必要な手当てを粛々と丁寧にこなすことです。

❷話し易い環境づくり（TALKの原則を取り入れる）

　自傷行為の裏にある気持ちを聞き出す際にTALK（Tell 話す,Ask 尋ねる,Listen 聴く,Keep safe 守る）の原則を適用し接します。気になることを率直に尋ねてみれば,子どもも自分の気持ちを話し易くなります。しかし追求しすぎないようにし,見守る姿勢を崩さないようにしましょう。

❸自傷行為を回避出来る置換スキルを一緒に考える

　子どものつらい話に共感出来たら,子どものつらさを減らすための方法を一緒に考えていくことも大切です。自傷に置き換えられる方法を探すのです。例えば「氷や保冷剤を握る」「赤いペンで跡をつける」「輪ゴムでパッチン」「冷たい水を飲む」「深呼吸をする」「運動をする」「お守りを作る」「日記を書く」などがありますが,決して頑張らせないことです。そして,決して焦らず,良い伴走者となることです。

付録1
教師自身の振り返りチェック項目

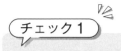

私は，子どもを自分のイメージで決めつけていないか？
（ Yes / No ）

　あなたは，色々な子どもを見てきているから，一面だけ見て，「ああ，この子も…」問題行動を起こしたら「やはり…家庭に問題があるから仕方がない」と思い込んでいませんか？　また，離席が多く，私語が多い子どもに対して，「子どもが悪い」と決めつけていませんか？
　実は，あなたが授業の成立が出来なくて困っているのではないでしょうか。あなたは，他に方法を探っていますか？　アセスメントは出来ていますか？

私は，きちんと話を聴いているか？
（ Yes / No ）

　hear と listen の違いのように，単に耳に入るのではなく，よく理解する必要があります。ただ発せられた言葉の表面だけを追うのではなく，子どもが何を訴えようとしているか，その言葉に隠された「意味」を汲み取らなければならないということです。
　カウンセリングでは「いかに正確にその人の話が聴けるか」にかかってくると思います。人を育むためには，より良く育つ環境をつくることが1番大

切だと思います。そのためには，子どもがどのように思い，何を感じているのかを正確に理解しなければならないのは当然です。「正確に子どもを理解する」ために，教師は，まず自分自身をよく知ることが大切になってきます。教師がイライラしていたり，他に気をそがれてしまっていたりしたら，子どもに対して歪んだ子ども理解になり，正確に子どもを理解することなど出来ないからです。結局「聴く」ことは「自分自身をよく知ること」があって初めて出来るといわれているように，一生懸命関心を持って聴かなければ成立しません。

　従って，そこには教師の自己開示が必要になるのです。教師は，自分自身をある程度，正直に子どもにさらさなければならないと思います。話を聴いていく中で「共感」を通して，子どもの中に「この先生はこんな人…」とイメージが出来あがり「自分と同じだ」とか「そういうところもあるんだ」などと，子どもなりの教師理解と安心感が生まれ，次第にお互いの信頼関係へと向かうのだと思うからです。

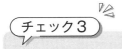

私は，小さな約束であっても守れているか？
（ Yes / No ）

　「ほんの小さな約束」「とるに足らないような約束」と，あなたは思っているかもしれません。しかし子どもにとっては「大切な約束」だったりするので，その約束を守ってもらえなかったことが原因で，せっかくのお互いの信頼関係が一気に崩れてしまうことにつながります。子どもは，「約束」を通して，教師であるあなたの出方を試していることもあります。

　そのために絶対にしてはならないことは，どんなに小さな約束でも，した約束は守ることです。守れない約束は決してしないことです。

付録2　からだとこころのお天気チェックシート　　（名前　　　　　　　　）

「からだのお天気」

最近のあなたの「からだ」のお天気は？　絵を〇で囲んで下の質問に答えてください。

よい　　まあよい　　ふつう　　あまりよくない　　よくない

どのくらい続いていますか？　（　2週間以内　/　2週間以上　）　その理由を教えてください？

【理由】

「こころのお天気」

最近のあなたの「こころ」のお天気は？　絵を〇で囲んで下の質問に答えてください。

よい　　まあよい　　ふつう　　あまりよくない　　よくない

どのくらい続いていますか？　（　2週間以内　/　2週間以上　）　その理由を教えてください？

【理由】

Okada M, et al. (2022). Relationship between self rated health and depression risk among children in Japan. Humanit Soc Sci Commun 9:136. 他
【岡田ら、「2分でできる子どものメンタルヘルスチェックシート」、月刊生徒指導 7月号、学事出版、2016 年および岡田、月刊生徒指導 7月号、学事出版、2020 年より】

付録3　子どもの交友関係チェックシート
　　　　　　　　　　　　　　（名前　　　　　　　　　　）

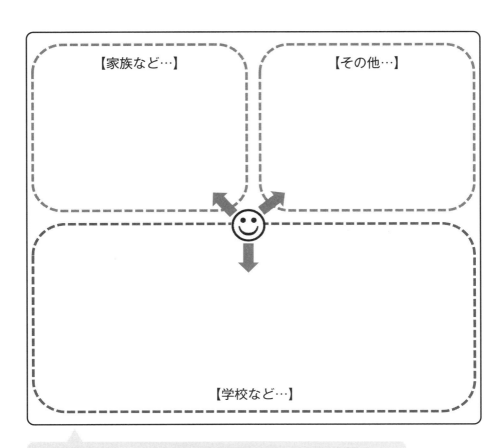

①日頃，みんなはどんな人とつながっているかな？

②最近，新しくつながった人に○をつけよう！

③最近，新しくつながったきっかけを（　　　）に追加してみよう！

（岡田，月刊生徒指導9月号，学事出版，2018年より）

Afterword

　先生方，本書を読んでいただきありがとうございました。
　いかがでしたでしょうか？
　「そんなにうまくいく訳ない」「子どもは多種多様，保護者も色々…」そんな声が聞こえてきそうです。現在も，先生方と話をしていると，子どもについて以下のような発言が多く聞かれます。

「最近の子は，話が聞けない」
「最近の子は，衝動性が高くすぐキレる」
「最近の子は，関わり方を知らない」

　しかし，考えてみてください。「話を聞けない子」は，幼い頃から自分の話をしっかり聴いてもらっていないから，人の話を聞けない子になるのではないでしょうか。自分を信用してもらえている実感がないと，人を信用出来ない子どもになりますよね。「衝動性が高い」のは，感受性が強く，自分のイヤな部分を相手に見つけて反応しているのではないでしょうか。「関わり方を知らない」のは，自分に関わってもらっていないから，愛情をもらう作業をしてもらっていないから，人に愛情を注げない，注ぐ術を知らない，すなわち人との関わり方を知らない子どもになるのではないでしょうか。家庭が安らぎの場であれば，子どもは外に安らぎを求めて，友達と夜遊びしたり家出をしたりしないと思います。

　勿論，子ども達には，自分を理解してくれる友達も必要です。しかし友達同士の関係性はどうでしょうか。お互いに良好な関係性を培えているでしょうか。友達との関係性で傷つく子も出てきます。傷つけようと思って傷つけてなんかないのに，いじめっ子にされる子も出てきます。

　つまるところ，子ども達は，本当はキラキラ輝いているのに自分達はその輝きを知らないままなのです。私達教師は，そんな子ども達に関心を持つ必要があります。洞察力を働かせなければなりません。私達が，その輝きに気

づいてあげないと，本人達は気づけないからです。ある子は，一生懸命にその光を放っているのに，誰にも気づかれずにいるのかもしれないし，またある子は，その放つ光が眩しすぎるがゆえに，わざと距離を置かれているのかもしれないのです。精一杯自分を生きようと頑張っている子ども達の育ちを阻んでいるのは，実は，周りの大人である私達，親や教師かもしれないと思うのです。

　今こそ，子ども達の１番近くにいる私達教師が，そんな子ども達に，気遣いの眼差しを注ぎ，想像力を働かせる必要があるのではないでしょうか。そして，無限の可能性を秘めている子ども達と，真摯に向き合い，温かい対話を展開するべき時代なのではないでしょうか。そうすることこそ，子ども達のウェルビーイングにつながっていくのだと思います。

　また，私は保護者に対する見方も大きく変えることが出来ました。つまるところ，保護者は，私達教師より長く子どもと関わって生きています。教師の関わりは，その子の長い人生のうちのほんの一瞬でしかないのです。しかしとてもとても大切な一瞬です。例えば，子どもを植物に例えると，水のやり方，陽の当て方，空気の温度など，植物はその環境で大きく育ち方が異なります。まして子どもは人間です。その子にとって，適切な環境を与えなければならないと思います。保育所，幼稚園，こども園から小学校，中学校，高等学校へと，教員同士がシームレスなバトンを渡していかなくてはならないと思います。それが，それぞれの学校段階にいる教師に課せられた使命だと思うからです。そのために本書が少しでもお役に立てればと思います。

　私自身，数えきれないたくさんの失敗と反省をしながら今に至っております。先生方は，仲間です。今こそ，多くの子ども達のために，是非一緒に手をつなぎ合いましょう。どうかよろしくお願いいたします。

2025年１月

岡田倫代

References

[Chapter1]
- 文部科学省「第４期教育振興基本計画」（令和５年６月16日閣議決定　https://www.mext.go.jp/content/20230615-mxt_soseisk02-100000597_01.pdf【2024/ 8 /25最終閲覧】
- 岡田倫代「子どもたちの心身の状態〜SOSを見逃さないために〜」，月刊生徒指導７月号，学事出版，2020年，pp.24-29.
- Okada M, Nakadoi Y, Fujikawa A.（2022）Relationship between self-rated health and depression risk among children in Japan. Humanit Soc Sci Commun 9:136.
- 岡田倫代（編著），中土井芳弘，藤川愛（著）『２分でできる子どものメンタルヘルスチェックシート』，学事出版，2016年.

[Chapter2]
- 津村俊充「教育心理学と実践活動　グループワークトレーニング—ラボラトリー方式の体験学習を用いた人間関係づくり授業実践の試み—」，『教育心理学年報』，第49集，2010年，pp.171-179.
- 小野寺正己，河村茂雄「学級における教師と生徒の関係研究の動向」，『学級経営心理学研究』，１巻，2012年，pp.91-102.
- 國分康孝，片野智治『構成的グループ・エンカウンターの原理と進め方—リーダーのためのガイド—』，誠信書房，2001年.
- 深田博己『インターパーソナル・コミュニケーション—対人コミュニケーションの心理学—』，北大路書房，1998年，pp.82-104.
- 浅場明莉，一戸紀孝『ブレインサイエンス・レクチャー４　自己と他者を認識する脳のサーキット』，共立出版，2017年，pp.48-49.
- 岡田倫代『ピア・サポート力がつくコミュニケーションワークブック』，学事出版，2013年.
- 菊池章夫，堀毛一也（編著）『社会的スキルの心理学—100のリストとその理論—』，川島書店，1994年.
- 相川充『ライブラリソーシャルスキルを身につける１　先生のためのソーシャル

スキル』，サイエンス社，2008年．
- 杉原保史「『怒り』の感情に関わる心理援助における価値判断をめぐる一考察—アジア圏の文化的価値に根ざしたアサーション・トレーニングの模索に向けて—」，京都大学カウンセリングセンター紀要，2012年，41：pp.1-13.
- ローナ・ウィング（監修），吉田友子（著）『あなたがあなたであるために 補注新装版：自分らしく生きるための自閉スペクトラム・ガイド』，中央法規出版，2024年
- 尾崎洋一郎，池田英俊，錦戸惠子（著），草野和子（イラスト）『ADHD及びその周辺の子どもたち—特性に対する対応を考える—』，同成社，2005年
- 日本ピア・サポート学会「ピア・サポートの定義」http://www.peer-s.jp/idea.html【2024/8/25最終閲覧】
- 栗原慎二「第8章 学校心理学」，沖林洋平（編著）『大学生と教員のための学校教育心理学』，ミネルヴァ書房，2024年，p.127.
- 西山久子，山本力「実践的ピアサポートおよび仲間支援活動の背景と同行—ピアサポート／仲間支援活動の起源から現在まで—」，岡山大学教育実践総合センター紀要，第2巻，2002年，pp.81-93.
- 西垣悦代「医療・健康分野におけるコーチングの学術的進展」，『心身医学』，58巻6号，2018年，pp.534-541.
- 日本経済新聞「自立を育むコーチング（アナザービュー）」（2024/07/26朝刊 29ページ）．
- ジョセフ・オコナー，アンドレア・ラゲス（著），杉井要一郎（訳）『コーチングのすべて――その成り立ち・流派・理論から実践の指針まで』，英治出版，2012年．
- スージー・グリーン，ステファン・パーマー（編），西垣悦代（監訳）『ポジティブ心理学コーチングの実践』，金剛出版，2019年，pp.177-178.
- 堀公俊，加留部貴行『組織・人材開発を促進する 教育研修ファシリテーター』，日本経済新聞出版社，2010年．
- 西垣悦代「第2章 コーチング心理学のスキルとモデル」，西垣悦代，原口佳典，木内敬太（編）『コーチング心理学概論 第2版』，ナカニシヤ出版，2022年，pp.39-55.
- 真壁昭夫『知識ゼロでも今すぐ使える！行動経済学見るだけノート』，宝島社，2018年，p.156.

- 筒井義郎，佐々木俊一郎，山根承子，グレッグ・マルデワ『行動経済学入門』，東洋経済新報社，2017年，Kindle 版．
- リチャード・セイラー，キャス・サンスティーン（著），遠藤真美（訳）『実践行動経済学─健康，富，幸福への聡明な選択─』，日経 BP，2009年，p.17.
- 大竹文雄『行動経済学の使い方』，岩波書店，2019年，p.45.
- 環境省　地球環境・国際環境協力　日本版ナッジ・ユニット BEST「『ナッジ』とは？」 https://www.env.go.jp/content/900447800.pdf【2024/8/25最終閲覧】
- Service, O., Hallsworth, M., Halpern, D., Algate, F., Gallagher, R., Nguyen, S., Ruda, S., Sanders, M.（2014）. EAST. Four simple ways to apply behavioural insights https://www.bi.team/wp-content/uploads/2015/07/BIT-Publication-EAST_FA_WEB.pdf【2024/8/25最終閲覧】

Chapter3

- 日本ブリーフセラピー協会「ブリーフセラピーとは」 https://brieftherapy-japan.com/about/brieftherapy/【2024/9/6最終閲覧】
- 遠山宜哉「私たちは何を世に問いたいのか」，『ブリーフサイコセラピー研究』，第30巻2号，2021年，pp.48-50.
- シンシア・フランクリン，テリー・S・トラッパー，ウォレス・J・ジンジャーリッチ，エリック・E・マクコラム（著），長谷川啓三，生田倫子，日本ブリーフセラピー協会（編訳）『解決志向ブリーフセラピーハンドブック─エビデンスに基づく研究と実践─』，金剛出版，2013年．
- イブ・リプチック（著），宮田敬一，窪田文子，河野梨香（監訳）『ブリーフセラピーの技法を超えて─情動と治療関係を活用する解決志向アプローチ─』，金剛出版，2010年．
- ジュディス・ミルナー，ジャッキー・ベイトマン（著），竹之内裕一，バレイ（佐俣）友佳子（訳）『解決志向で子どもとかかわる─子どもが課題をのり越え，力を揮するために─』，金剛出版，2019年．
- 森俊夫，黒沢幸子『森・黒沢のワークショップで学ぶ　解決志向ブリーフセラピー』，ほんの森出版，2002年．
- 岡田倫代「第9章子どもの心の健康に関わる課題」，常田美穂，辰巳裕子，北川裕美子，吉井鮎美（編著）『子ども家庭支援の心理学』，ひとなる書房，2021年，

参考文献

- pp.136-139.
- 小川俊樹，倉光修『臨床心理学特論』，放送大学教育振興会，2017年．
- 大芦治『心理学史』，ナカニシヤ出版，2016年．
- 国立研究開発法人　国立成育医療研究センター　コロナ×こども本部「こどものSOSに気づいたら」https://www.ncchd.go.jp/center/activity/covid19_kodomo/report/CxC7_children_sos.pdf
- こども家庭庁「子ども・子育て支援法等の一部を改正する法律」の一部施行について（ヤングケアラー関係）https://www.cfa.go.jp/assets/contents/node/basic_page/field_ref_resources/e0eb9d18-d7da-43cc-a4e3-51d34ec335c1/3ba2cef0/20240612_policies_young-carer_13.pdf【2024/12/29 最終閲覧】
- 無藤隆，森敏昭，遠藤由美，玉瀬耕治『心理学（新版）（New Liberal Arts Selection）』，有斐閣，2018年．
- 下山晴彦，神村栄一『認知行動療法』，放送大学教育振興会，2014年．
- 岡田倫代（編著），竹村理志，柴英里，杉田亮介（著）『セルフコントロール力がつく自己理解・他者理解ワークブック　中学校・高等学校編』，学事出版，2022年．
- Neff,K.D.（2003）Self-compassion: an alternative conceptualization of a healthy attitude toward oneself. Self and Identity 2 85-101.
- 石川遥至「13章　マインドフルネス」，小塩真司『非認知能力―概念・測定と教育の可能性―』，北大路書房，2021年．
- 熊野宏昭『マインドフルネスそしてACTへ―二十一世紀の自分探しプロジェクト―』，星和書店，2011年．
- 有光興記「12章 セルフ・コンパッション」，小塩真司『非認知能力―概念・測定と教育の可能性―』，北大路書房，2021年．
- メアリー・ウェルフォード（著），石村郁夫，野村俊明（訳）『実践セルフ・コンパッション―自分を追いつめず自信を築き上げる方法―』，誠信書房，2016年．
- クリスティーン・ネフ（著），石村郁夫，樫村正美（訳）『セルフ・コンパッション―あるがままの自分を受け入れる―』，金剛出版，2014年．
- 岡田倫代（編著），竹村理志，柴英里，杉田亮介（著）『セルフコントロール力がつく自己理解・他者理解ワークブック　小学校編』，学事出版，2022年．
- 松本俊彦『自傷・自殺のことがわかる本　自分を傷つけない生き方レッスン』，講談社，2018年．

【著者紹介】

岡田　倫代（おかだ　みちよ）
高知大学大学院総合人間自然科学研究科教職実践高度化専攻教授。一般企業，香川県立高等学校全日制および定時制教員，香川大学，および四国学院大学非常勤講師等を経て現職。生徒指導・教育相談を専門とし，対人関係・コミュニケーションとメンタルヘルスに関する研究をしている。博士（医学），公認心理師，臨床心理士，学校心理士スーパーバイザー，丸亀市発達障害児支援協働事業推進委員，香川県警察親子カウンセリングアドバイザー等。NHK総合テレビ番組「突撃アッとホーム」平成26年11月8日（土）放送，NHK総合テレビ番組「プロフェッショナル仕事の流儀　放送10周年スペシャル（そして，新たな闘いへ）」平成27年1月4日（月）放送に出演　ほか。

柴　英里（しば　えり）
高知大学大学院総合人間自然科学研究科教職実践高度化専攻准教授。食教育・食健康科学の分野を中心に，ヘルシーエイジングやウェルビーイングを視野に入れた実証的な研究をしている。博士（教育学）。

野中　陽一朗（のなか　よういちろう）
高知大学大学院総合人間自然科学研究科教職実践高度化専攻准教授。学習科学・教育工学・教育心理学分野において教えることと学ぶことに関する研究をしている。博士（教育学）。

ウェルビーイングなクラスをつくる
学級担任のための9つのアプローチ

2025年2月初版第1刷刊　Ⓒ著　者　岡田倫代・柴英里・野中陽一朗
発行者　藤　原　光　政
発行所　明治図書出版株式会社
http://www.meijitosho.co.jp
（企画）木山麻衣子（校正）有海有理
〒114-0023　東京都北区滝野川7-46-1
振替00160-5-151318　電話03(5907)6702
ご注文窓口　電話03(5907)6668

＊検印省略　　　　　組版所　広研印刷株式会社

本書の無断コピーは，著作権・出版権にふれます。ご注意ください。

Printed in Japan　　　　　ISBN978-4-18-144323-8
もれなくクーポンがもらえる！読者アンケートはこちらから →